DE L'INTERVENTION

DES

SYNDICATS PROFESSIONNELS

ET DES

ASSOCIATIONS DÉCLARÉES

pour la défense des intérêts collectifs et individuels

DE LEURS MEMBRES

PAR

Elie MAGNAN

Docteur en Droit

NIMES

IMPRIMERIE COOPÉRATIVE « LA LABORIEUSE »

7, Rue Godin, 7.

—

1911

DE L'INTERVENTION DES SYNDICATS PROFESSIONNELS

ET DES

ASSOCIATIONS DÉCLAREES

pour la Défense des Intérêts collectifs et individuels de leurs Membres

UNIVERSITÉ DE MONTPELLIER - FACULTÉ DE DROIT

DE L'INTERVENTION

DES

SYNDICATS PROFESSIONNELS

ET DES

ASSOCIATIONS DÉCLARÉES

pour la défense des intérêts collectifs et individuels

DE LEURS MEMBRES

THÈSE POUR LE DOCTORAT EN DROIT

PAR

Elie MAGNAN

NIMES
IMPRIMERIE COOPÉRATIVE « LA LABORIEUSE »
7, Rue Godin, 7.
1911

UNIVERSITÉ DE MONTPELLIER

FACULTÉ DE DROIT

BIBLIOGRAPHIE

EMILE REINAUD. — Les Syndicats professionnels, leur rôle historique et économique avant et après la reconnaissance légale, 1886.

LEVASSEUR. — Histoire des classes ouvrières. Des origines jusqu'en 1789.

MONIER, CHESNAY et ROUX. — Les Fraudes et falsifications, 1909.

PAUL COUROT. — Du Syndicat professionnel demandeur en justice dans l'intérêt de ses membres. (Thèse, Paris 1900).

JEAN ESCARRA. — Etude sur la recevabilité des recours exercés par les Syndicats et les Groupements analogues. (Thèse, Paris 1907).

JEAN GAUSSORGUES. — Les réceents projets sur le Contra collectif de travail. (Thèse, Montpellier 1908).

BARTHÉLEMY RAYNAUD. — Le Contrat collectif de travail. (Thèse, Paris 1901).

GEORGES LARONZE. — De la Représentation des intérêts collectifs et juridiques des ouvriers dans la grande industrie. (Thèse, Paris 1905).

PAUL PIC. — Traité élémentaire de législation industrielle, (3me édition 1909).

LÉON MICHOUD. — La Théorie de la personnalité morale et ses applications au droit français. 1909.

LOUIS CRÉMIEU. — L'Action civile exercée sous la forme collective dans la législation française actuelle. — Travaux de la Conférence droit pénal de la Faculté de droit de Paris, no III. 1910.

REVUES ET PÉRIODIQUES

Journal officiel. — Passim.

Lois nouvelles. -- Laborde : De la poursuite des délits par les associations, 1907, I, page 295.— De la poursuite des fraudes et falsifications des vins par certaines associations, 1907, I, page 417.

Lois nouvelles. - Toubeau : L'action en justice des Syndicats professionnels en vue de la répression des fraudes, 1908, IIᵐᵉ partie, page 123.

Revue critique de Législation et de Jurisprudence. — Brémond : Droit d'ester en justice des Syndicats professionnels. Mars 1899, page 128 et suiv.

Perreau : Les Syndicats professionnels peuvent-ils ester en justice pour la défense des intérêts professionnels de leurs membres, 1904, page 129.

Marcel Nast : 1908, page 536.

Moye : Examen doctrinal, 1911, page 13 et suiv.

Revue trimestrielle de Droit Civil. — Margat : De la Capacité des Associations déclarées, 1907.

Bulletin de la Société générale des Prisons. 1906. — Séance du 22 avril, page 649 et suiv.

Bulletin de Législation comparée. — 1903, page 180 et suiv.

Revue de Paris. — Louis Barthou : mars 1906.

RECUEILS GÉNÉRAUX

Dalloz. — *Répertoire général et Supplément.*

Sirey. -- *Répertoire général et Supplément.*

Pandectes Françaises.

Gazette du Palais.

Gazette des Tribunaux.

Tables de Jurisprudence.

INTRODUCTION

1. — Si la corporation a eu l'avantage incontestable de favoriser l'émancipation du tiers-état, en permettant aux artisans de se grouper, de constituer une force en face des seigneurs tout puissants, si elle a permis de réglementer le travail, à une époque où l'ouvrier n'était protégé ni dans sa personne, ni dans ses biens ; elle a engendré, pendant plus de six siècles, « sous le régime des communes, comme sous l'administration royale, à travers les misères de la guerre de cent ans et sous la prospérité de Colbert », une foule d'inconvénients et d'abus.

Elle fit du droit de travailler un privilège ; la maîtrise, quand elle n'était pas concédée au fils du maître, nécessitait un long et coûteux apprentissage couronné par la lourde et délicate épreuve du chef-d'œuvre. Le monopole qui était sa nature même, engendrait entre les groupements de professions similaires, des procès sans fin pour délimiter l'exercice de chaque métier. (Celui des rôtisseurs et des poulaillers dura de 1509 à 1578 ; il se termina par la défaite de ces derniers).

Quant aux règlements, faits en principe pour conserver et garantir auprès du public la bonne fabrication des
produits, ils étaient en réalité un obstacle à l'initiative
individuelle, arrêtaient l'essor de l'industrie dans toutes ses branches, paralysaient le commerce en général,
et n'aboutissaient qu'à une funeste routine.

2. — Au premier souffle de la Révolution, quand
« l'édifice social craquait de toutes parts », la corporation
devait nécessairement disparaître, emportée par le courant d'individualisme, avec toutes les institutions surąn-
nées de la monarchie. C'est ainsi que, pendant la nuit du
4 août, dans un généreux élan de liberté, noblesse, cler-
gé et tiers-état furent presque unanimes pour décréter
la suppression des corporations. La loi des 2-17 mars
1791, en proclama la suppression définitive.

Aussitôt, on vit se former dans Paris et les grands
centres des réunions d'artisans et de patrons n'ayant
plus le caractère obligatoire, mais constituant des groupements libres d'individus de la même profession assem-
blés pour discuter leurs intérêts communs. Ces associations, d'abord tolérées, furent bientôt interdites. A la
suite d'excès, l'assemblée constituante votait, en effet,
la loi des 14-17 Juin 1791.

M. Chapelier, rapporteur, s'exprimait ainsi, résu-
mant la pensée de l'Assemblée : « Il doit être sans
doute permis à tous les citoyens de s'assembler, mais
il ne doit pas être permis aux citoyens de certaines pro-

fessions de s'assembler pour leurs prétendus intérêts communs ».

Et la loi déclare que « les citoyens d'un même état ou d'une même profession, les entrepreneurs, ceux qui ont boutique ouverte, les ouvriers et compagnons d'un art quelconque n'ont pas le droit de délibérer, de tenir des registres et de former des règlements sur leurs prétendus intérêts communs... si des citoyens attachés aux mêmes professions arts et métiers, établissent entre eux un accord pour le prix de leurs travaux, leurs délibérations sont déclarées inconstitutionnelles, attentatoires à la liberté et à la déclaration des droits de l'homme. »

Ainsi, la Constituante, après avoir proclamé la liberté du travail, l'anéantissait en supprimant le droit d'association, elle ne distinguait pas l'association libre de la corporation égoïste et fermée, ou plus tôt, elle craignait le rétablissement de celle-ci, dans la formation de celle-là.

3. — Si l'on considère, dans une vue d'ensemble (sans entrer dans les détails d'un historique fort intéressant mais qui nous entraînerait hors des limites que nous nous sommes tracées (1) toute la période qui s'est écou-

(1) Voir à ce sujet : Reinaud. *Les syndicats professionnels, leur rôle historique et économique avant et depuis la reconnaissance légale, la loi du 21 mars 1884-1886.* — Pic. *Législation industrielle,* 3ᵉ édition, pages 227 et 1.

lée depuis la loi des 14-17 juin 1791, jusqu'à celle du 21 mars 1884, du moment où l'association profession-nelle a été prohibée jusqu'à l'époque où elle a été admise par le législateur, on est frappé de la multipli-cité des groupements clandestins ou simplement tolérés qui naquirent et se développèrent avec une certaine prospérité.

Sous les divers gouvernements qui se sont succédé, favorables ou non aux tendances syndicales, les unions ouvrières ou patronales s'ingénient à trouver des for-mes légales susceptibles d'abriter leur existence et de dissimuler leur but réel.

Elles employent notamment tous les cadres usités par les sociétés civiles ou commerciales.

C'est que précisément, la loi prohibait le droit d'as-sociation, au moment où son exercice devenait de plus en plus nécessaire. La révolution industrielle, entraî-nant le bouleversement de la production, la concentra-tion des entreprises et l'avènement du régime capitalis-te, avaient fait naître, dans la classe ouvrière, un besoin impérieux de se grouper pour la défense de ses inté-rêts.

Si bien, qu'à la veille de 1884, il existait à Paris 237 syndicats ouvriers composés de 50.000 adhérents, 350 en province et que l'on comptait dans 52 villes de France, 101 chambres syndicales de patrons avec 800 membres.

Il faut voir dans cette persistance une image vivante

de l'existence naturelle des personnes morales. Le législateur ne peut, au gré de sa volonté, les former ou les dissoudre, et le progrès des idées est si intense, l'accumulation des forces sociales si sûre qu'il les consacre un jour après les avoir frappées.

DIVISION DU SUJET

----

4. — La loi du 21 mars 1884, accordant aux groupements professionnels la faveur de l'existence légale, et, plus tard, la loi du 1ᵉʳ juillet 1901, faisant du droit d'association un principe général de notre législation, ont donné un essor nouveau au développement des syndicats professionnels et des associations.

Ces groupements interviennent respectivement pour la défense d'intérêts très divers soit attachés à leur profession, soit quelconques, pourvu qu'ils ne dérivent pas d'une idée de lucre. De sorte que la question que nous nous proposons d'étudier « de l'intervention des syndicats professionnels et des associations déclarées pour la défense des intérêts collectifs et individuels de leurs membres », engloberait toute la sphère d'activité de ces personnes morales.

Notre ouvrage sera plus restreint. Ce qu'il nous importera surtout d'étudier, c'est l'étendue de l'action collective de ces deux catégories de personnes morales, dans les limites de leur capacité et du but qu'elles se sont assigné.

5. — Dans une première partie réservée aux syndicats professionnels, nous examinerons leur action dans la conclusion et l'exécution du contrat collectif de travail, dans la réparation des délits civils et quasi délits dont ils pourraient être victimes, dans leurs recours contre les actes administratifs, enfin en matière répressive, notamment dans la poursuite des fraudes commerciales.

Dans notre deuxième partie nous poserons la question pour les associations déclarées, considérant d'abord les groupements formés pour la sauvegarde d'intérêts privés communs, ensuite ceux qui ont pour objet la défense d'une branche de l'intérêt général.

AVANT PROPOS

**Les dispositions législatives concernant les
personnes morales ne doivent pas être inter-
prétées restrictivement.**

6. — La détermination des limites de la capacité des
personnes morales est étroitement liée au principe sur
lequel on fait reposer la personnalité morale elle-même.
Cette dépendance est facile à saisir. Supposons que
l'être moral soit considéré comme une fiction légale,
que le législateur crée ou anéantit selon son désir, il
n'a, dans ce cas, d'autres droits que ceux qu'il tient de
la loi elle-même qui lui a communiqué l'existence, il ne
faut pas lui chercher d'autres capacités en dehors de
celles que ce texte lui attribue. L'interprétation restrictive s'impose nécessairement. Mais si, au contraire, la
personne morale est douée d'une existence propre,
indépendante des éléments qui la composent, si la loi
ne fait que réglementer l'exercice de droits qu'elle
possède de par sa nature même, la règle à suivre devient
toute différente ; l'interprétation libérale est de rigueur.

Or, s'il est une notion juridique qui ait donné naissance à un grand nombre de théories, c'est bien la personnalité morale. Nous les grouperons sous quatre
chefs (1).

7. — 1° *Système de l'Ecole sociologique allemande*
contemporaine.

Ce système nie purement et simplement l'existence
des personnes morales. D'après ses partisans, il y a
des droits qui n'ont pas de sujets, pas de titulaires,
des « droits flottants », selon leur expression. Ils sont à la
disposition du corps social, qui les exercera quand il en
aura besoin par l'intermédiaire de quiconque sera
appelé à s'en servir. L'exemple le plus caractéristique
de ces droits, est le droit de commander, attribut de
l'Etat. Il est exercé par les personnes appelées par les
circonstances au gouvernement. La personnalité morale
n'est ici « qu'un moyen de soumission envers quelques individualités plus habiles que les autres et qui
profitent de cette soumission pour imposer leur volonté aux dominés. La loi, dans ce système, est l'expression de la toute puissance des gouvernants sur les
gouvernés. »

(1) Nous empruntons cette division au cours de doctorat professé
par M. Moye, en 1907, à la Faculté de Droit de Montpellier : « les établissements publics et d'utilité publique ».

2º Système de la fiction des personnes morales.

Il repose sur une base philosophique et historique, la théorie juridique de *l'universitas*. Les seuls êtres qui peuvent devenir les sujets de droits sont les personnes vivantes, physiques, douées d'une existence réelle, et capables d'avoir une volonté. La conséquence de cette conception est que les groupements sociaux, les prétendues personnes morales, sont des êtres fictifs, formant, par la volonté du législateur, un tout juridique, et assimilés à des personnes physiques en vertu d'une convention légale. Jamais la réunion de plusieurs individus, fut-elle formée en collectivité organisée, ne peut constituer un être nouveau, doué d'une personnalité distincte. Les personnes morales sont une création de la loi.

3º Système de la Patrimonialité collective

Ses principaux défenseurs sont MM. Planiol et Thaller. L'être moral n'existe pas, il n'y a qu'une association de personnes, et les droits de l'être moral sont constitués par la réunion des droits des associés. La personne morale n'est pas autre chose qu'une collectivité de membres liés entre eux par le contrat d'association, et de ce fait ne résulte aucunement la formation d'une entité juridique indépendante. La conséquence directe de cette conception sur le patrimoine des associés est la suivante : c'est seulement une propriété collective (M. Planiol), une co-propriété (M. Thaller).

4° *Système de la réalité des personnes morales*

Il tend à prendre une importance de plus en plus grande. La personne morale jouit d'une vie propre, abstraction faite de toute intervention de l'autorité publique (1).

Mais cette réalité de personnes morales n'est pas conçue d'une manière uniforme.

Suivant une première opinion, la personnalité morale repose sur un fait d'ordre sociologique ou biologique, « étant donnée une réunion d'hommes, il se forme, en vertu de lois psychologiques fort mal connues, un sentiment collectif complètement indépendant des volontés des individus, » la personne morale est « un être collectif, phénomène naturel, ayant une volonté propre, un intérêt distinct et un but à atteindre, le tout indépendant des analogues chez les constituants (2). » Telle est également la théorie soutenue par Beseler et Otto Gierke.

Mais cette volonté collective est fort difficile à décou-

---

(1) V. Margat, professeur à la Faculté de Droit de Montpellier. « De la capacité des associations déclarées. » *Revue trimestrielle de Droit civil*, 1907, p. 5 et suivantes.

(2) M. Moye, à son cours.

vrir en tant qu'indépendante des volontés individuelles des unités qui composent le groupement : elle apparaît plutôt comme le produit, la résultante de ces volontés.

D'après une deuxième opinion, ce n'est pas la volonté qui est l'essence du droit (1). Suivant la formule de Ihering « les droits sont des intérêts juridiquement protégés ». Dès lors, l'élément essentiel, dans le droit, c'est l'intérêt. Toutes les fois que dans une association il se forme à côté des intérêts individuels des membres un intérêt collectif distinct, et que cet intérêt se trouve secondé par une volonté pour le représenter et le défendre, il se forme un droit distinct, indépendant. C'est l'existence de cet intérêt collectif et l'appui de cette volonté qui créent la personne morale.

Quoiqu'il en soit, le caractère commun de ces deux opinions est la réalité de l'existence des personnes morales.

8. — Nous ne nous attarderons pas à discuter le bien fondé de ces diverses théories. Qu'il nous suffise de faire remarquer que la théorie de la réalité des personnes morales nous paraît à la fois la plus conforme à la vérité historique et la plus séduisante par ses conséquences pratiques.

(1) Ihering, *Esprit du droit romain*, traduction Meulenaere, t. IV., p. 3r3. — Michoud, *la Théorie de la Personnalité morale et ses applications au droit français. Saleilles, la Personnalité juridique — histoire et théories.*

Les groupements sociaux, qu'ils aient pour base la similitude des conditions d'existence, comme l'état ou la commune, ou la volonté réfléchie des individus, comme l'association, sont, en effet, antérieurs à toute consécration législative. L'observation sociologique le démontre.

Au point de vue des conséquences pratiques : la personne morale étant douée d'une existence naturelle, le meilleur moyen, pour lui permettre de justifier sa raison d'être, c'est de l'assimiler aux personnes physiques. De même que le droit civil réglemente les conditions d'exercice des droits de l'individu, mais ne les crée pas, de même le législateur coordonnera les différentes conditions du fonctionnement des personnes morales, en vertu de son pouvoir de police, ou de tutelle administrative, dans un but d'intérêt général et pour assurer l'équilibre et l'harmonie des forces sociales. Là s'arrêteront ses pouvoirs. Assimilée à la personne physique, par l'effet d'une réalité et non plus d'une fiction, la personne morale doit jouir d'une capacité semblable : elle possèdera les mêmes droits, sauf ceux qui lui auront été formellement retirés.

« Enfin, comme l'a dit M. Margat (1), la personnalité morale n'étant pas un privilège concédé arbitrairement par l'Etat, mais un attribut naturel qu'il se borne à reconnaître, apparaît comme un phénomène normal.

_____

(1) Op. cit. p. 5 et suiv.

Donc, les textes dans lesquels la loi réglemente la capacité des personnes morales ne devront pas être interprétés restrictivement. A la jurisprudence il appartiendra de compléter la liste des actes permis, en s'inspirant d'analogies plus ou moins directes. » Et cet auteur ajoute plus loin : « la capacité est la règle, l'incapacité l'exception. » Ce principe, que M. Margat dégage pour les associations déclarées, s'applique également aux syndicats professionnels.

Telle est la conclusion qui s'impose à la théorie de la réalité des personnes morales. Les textes législatifs qui les visent devront recevoir une interprétation extensive. Ceci n'est pas sans importance. Dans toutes les difficultés qui se présenteront, c'est à la lumière de ce principe que nous arriverons à la solution, la plupart du temps favorable à la personne morale.

PREMIÈRE PARTIE

Les Syndicats professionnels

Notions générales sur l'intervention des Syndicats professionnels dans l'intérèt de leurs membres.

9. — La loi du 21 mars 1884, article 3, donne pour objet aux syndicats professionnels « l'étude et la défense des intérèts économiques, industriels, commerciaux et agricoles » de leurs membres ; son article 4 leur reconnaît « le droit d'ester en justice ». Elle ne s'explique pas davantage sur ce dernier attribut. On peut sans doute déduire de la combinaison de ces deux textes que l'association a le droit de soutenir devant les tribunaux les intérèts visés par l'article 3. Mais c'est une limite bien vague et une détermination bien incertaine.

10. — Les intérêts que l'on rencontre au sein des groupements professionnels sont, en effet, fort complexes.

Procédant par voie d'analyse, nous rencontrons :

1° Les intérêts patrimoniaux.

Ils se rattachent au fonctionnement du syndicat professionnel en tant que personne morale distincte de
ses membres et sont, la plupart, une conséquence du
droit de posséder : défense des droits attachés à la propriété des immeubles appartenant à l'association ;
perception et administration des cotisations versées
par les membres, etc... Nous pouvons encore citer
sous ce chef le maintien de l'autorité morale du syndicat contre les diffamations dont il pourrait être l'objet,
ainsi que la défense aux actions judiciaires intentées
contre lui. Tous ces éléments figurent exclusivement
dans le patrimoine de la personne morale et ne peuvent
être déduits en justice que par le syndicat, les patrimoines individuels de ses membres y étant absolument
étrangers.

2° Les intérêts collectifs.

Ils constituent, à proprement parler, le but et la raison d'être des syndicats. Parmi eux se rangent tous les
intérêts généraux de la profession, dans les termes très
larges qu'emploie la loi du 21 mars 1884 dans son article 6.

3° Les intérêts individuels des membres.

Nous groupons sous cette désignation tous les intérêts divers, de nature quelconque, professionnels ou non, que peuvent avoir à sauvegarder les individus qui composent le syndicat.

11. — Il ne faudrait pas croire que cette distinction apparaisse toujours aussi nette, à première vue, dans l'activité syndicale. En réalité, à part les premiers, ces différentes catégories d'intérêt sont souvent difficiles à identifier.

Tel acte syndical qui, au premier abord et à la suite d'un examen superficiel, aura paru se rapporter à la défense d'un intérêt individuel, sera considéré après une observation plus minutieuse, comme touchant l'intérêt général professionnel. Inversement, la sauvegarde d'un intérêt individuel apparaîtra sous l'aspect d'une poursuite de l'intérêt collectif.

Il y a mieux ; parmi les intérêts individuels des membres du syndicat, tels que nous les avons entendus, certains confinent à l'intérêt commun du groupement, et l'on se trouve souvent, nous reviendrons dans la suite sur cette idée, en face d'un parallélisme étroit entre l'intérêt personnel d'un ou plusieurs membres et l'intérêt général du syndicat, de sorte qu'intervenant pour la défense évidente de ce dernier, le syndicat se trouvera, par cela même, soutenir des droits particuliers. On peut rencontrer, d'autre part, des actions qui ne sont individuelles qu'en apparence et qui sont étroitement liées à l'intérêt général professionnel.

12. — La question se pose alors de savoir si l'action collective, admise quand elle a pour but la protection des intérêts patrimoniaux ou des intérêts collectifs proprement dits, pourra, au cas de concordance entre les intérêts particuliers et l'intérêt pofessionnel, être soutenue parallèlement à l'action individuelle, se cumuler avec cette dernière, se substituer même à elle, si, en un mot, des individus auront le droit de se décharger sur une association dont ils font partie du soin d'exercer des actions en justice nées sur leur tête, ou former un syndicat professionnel dans le but unique de syndicaliser l'exercice des actions en justice : l'association devenant, pour ainsi dire, l'avoué des membres qui la composent.

Sur tous ces points, la loi du 21 mars 1884 est muette. Elle n'indique en effet, ni les intérêts que le syndicat pourra défendre ni les moyens qui seront à sa disposition.

Les travaux préparatoires apportent peu d'éclaircissements à ce sujet. Dans sa rédaction primitive, l'art. 3 se terminait par ces mots « communs à tous leurs membres et des intérêts généraux de la profession », qui furent supprimés par crainte que les questions politiques ne troublent ces associations. (1)

Quelques textes ont été ajoutés à cette disposition fondamentale. Ce sont les lois du 3o novembre 1892, du 1er juillet 1901, du 11 juillet 1906, du 29 juin 1907 et du 5 août 1908. Ils donnent presque tous lieu à des difficultés sérieuses d'interprétation.

D'une manière générale, la jurisprudence a précédé l'intervention législative et elle a été la cheville ouvrière du mouvement de libéralisme en faveur de l'action syndicale.

Son évolution offre donc un attrait tout particulier et notre tâche consistera surtout dans cette étude.

Nous nous efforcerons, autant que possible, de rechercher comment et par quelles étapes les tribunaux partis de l'interprétation primitive de la loi du 21 mars 1884, sont arrivés à leur conception actuelle de l'action collective des syndicats professionnels.

---

(1) V. Rapport supplémentaire de Marcel Barthe au Sénat. J. off. 1882, 20 juillet. N° 413, p. 476.

TITRE I

————

**Différentes théories concernant l'action collective
des Syndicats professionnels.**

13. — D'après les quelques considérations exposées
au chapitre précédent, il n'est pas étonnant que l'intervention des syndicats professionnels pour la défense des
intérêts de leurs membres ait donné naissance à de
nombreuses opinions doctrinales. Elles ont été émises
généralement à propos de discussions d'espèces solu-
tionnées par les tribunaux, et en des matières très différentes, tantôt au sujet de la conclusion ou de l'exécution de certains contrats, tantôt sur des questions de
repression ou de réparations pécuniaires. Il en résulte
que des thèses générales ont été rarement établies, et
que, si nous voulions rappeler dans les diverses parties
de notre étude les différentes théories proposées, cela
nous entraînerait nécessairement à des répétitions.

Nous retracerons seulement, dans leurs grandes
lignes, trois courants d'opinions sur l'action collective

des syndicats : d'abord deux théories extrêmes : la thèse restrictive et la thèse syndicaliste : ensuite une solution intermédiaire à laquelle nous nous rangeons et qui semble être de plus en plus adoptée par la jurisprudence.

1° Thèse Restrictive. — *La règle « nul en France ne plaide par procureur. »*

14. — Le Syndicat, personne morale, ne peut agir que pour défendre des droits inhérents à cette qualité. M. Planiol, professeur à la Faculté de Droit de Paris, dans diverses notes de jurisprudence (1), déclare que l'action syndicale ne peut avoir pour objet que la sauvegarde des intérêts dont personne ne pourrait prendre charge avec une aptitude suffisante et des moyens d'action appropriés. Quant à M. Waldeck-Rousseau, il s'exprime ainsi, dans une consultation célèbre, sur la portée de la loi de 1884, dont il était l'auteur (2). « Le Syndicat envisagé comme personne morale n'est point la somme et pour ainsi dire la résultante des intérêts privés de chacun de ses membres : il en demeure parfaitement distinct et les intérêts qu'il personnifie sont

(1) D. P. 1895.2.553. 1898.2.119.

(2) Rousseau & Laisney, *Recueil périodique de procédure civile* 1887, p. 49.

précisément ceux qui, n'étant dans le patrimoine d'aucun sociétaire, ne peuvent être exercés par aucun d'eux. » Cette solution est bien simple dans son absolutisme. Elle considère, d'un côté, les droits du syndicat envisagé comme personne morale ; de l'autre, les droits faisant partie des patrimoines individuels des associés. Les premiers seuls peuvent faire l'objet d'une action collective. Les Syndicats ne doivent donc pas être admis à défendre un intérêt qui puisse figurer dans le patrimoine d'un membre. Par le fait seul qu'une action individuelle existe, l'action syndicale n'a plus sa raison d'être. Les moyens mis à la disposition des Syndicats pour défendre les intérêts généraux, sont d'une nature spéciale et une association peut seule les employer. Ils ont la personnalité civile et le droit d'ester en justice, mais uniquement pour défendre leur patrimoine. M. Planiol se résume ainsi : « le droit de plaider est la suite et la garantie du droit de posséder et rien de plus. »

15. — Cette opinion est, dit-on, renforcée par l'application et le fonctionnement normal d'une importante et très ancienne règle de procédure, la maxime « nul en France ne plaide par procureur ». D'après ce principe, en effet, il est interdit à toute personne de se faire représenter en justice par un mandataire qui figurerait seul dans l'instance : le mandant doit être mentionné en nom dans tous les actes de la procédure. Le Syndicat, personne morale distincte des individualités qui la composent, ne pourra donc jamais se substituer à ses membres pour défendre en justice des droits propres à ses adhérents, composant leurs patrimoines particuliers et pour la protection desquels ils possèdent des actions individuelles.

16. — Nous ne nous étendrons pas davantage sur cette théorie. Ses effets eux-mêmes suffisent à la condamner. Confiner l'action syndicale à la seule défense des intérêts patrimoniaux de la personne morale — c'est réduire au néant l'influence et l'activité des syndicats, c'est faire de la loi de 1884, une lettre morte. Il ne faut pas oublier que le patrimoine des syndicats professionnels n'est pas la raison d'être de leur existence ; il ne constitue qu'un moyen pour leur permettre d'atteindre le but que leur a donné le législateur. Le Syndicat est toujours quelque chose de plus qu'un être collectif susceptible de posséder un patrimoine ; il a le droit de défendre par l'action collective les intérêts généraux de la corporation.

17. — Quant à l'application de la règle « nul en France ne plaide par procureur », elle ne doit nous arrêter en aucune manière. La survivance de cet adage, et sa consécration par notre droit sont choses très discutables. Il n'est rapporté nulle part dans nos codes ; l'art. 1041, c. p. c. déclare « que toutes les lois, coutumes, usages et règlements relatifs à la procédure civile sont abro-

gés, » et si l'on estime qu'il a été consacré implicitement par nos lois, on constate immédiatement qu'il
n'est plus qu'un usage suranné en désaccord avec les
besoins de la pratique et entraînant des lenteurs et des
frais.

2° Thèse Syndicaliste

18. — La théorie restrictive étouffait à sa base l'action
des syndicats professionnels, les syndicalistes au contraire, tombant dans un excès inverse, ne lui assignent
aucune limite. La collectivité peut intervenir pour la
défense des intérèts quelconques de ses membres, c'est
une sorte de mandataire général que les associés constituent pour la protection de leurs intérèts individuels.
Sans doute, chaque adhérent trouve à sa disposition,
dans son patrimoine propre, des actions personnelles,
pour défendre ses droits particuliers, mais l'action collective aura des avantages considérables. La concentra-
tion d'éléments épars entre les mains du groupe assure
aux ouvriers la sauvegarde efficace de droits qu'ils sont
impuissants à soutenir par leurs seules forces. Là mème
où des individus isolés auraient été voués à l'insuccès,
soit par leur incapacité, soit par leur manque de res-
sources, le syndicat agissant au nom de tous, disposera
des fonds et des moyens nécessaires pour mener à bien
l'action judiciaire collective. Pourquoi laisser subsister
cent actions quand une seule peut suffire, quand l'as-

sociation offre précisément une économie de forces individuelles.

19. — On conçoit aisément ce qu'il y a d'exagéré dans cette solution. Son principal et capital défaut est de permettre l'accroissement immodéré de l'influence des syndicats, qui tend à devenir chaque jour plus puissante. Sans doute au point de vue ouvrier, il est à désirer que la protection de leurs intérêts ne soit pas négligée, mais au contraire facilitée par tous les moyens possibles ; et l'on ne peut disconvenir que l'action collective soit dans ce but d'une utilité incontestable. Cependant, si l'on considère l'intérêt social, on ne peut sans une certaine appréhension, voir l'activité syndicale s'étendre dans tous les domaines. Si l'ouvrier confie au syndicat tous ses intérêts, quoi de plus naturel que la collectivité devienne pour lui un instrument commode dans la lutte des classes ; on verra alors le syndicalisme se dresser en face de l'Etat et prétendre même jusqu'à l'absorber. C'est là un danger extrèmement grave, qu'il ne faut pas perdre de vue.

3° Théorie Intermédiaire

20. — Ainsi la thèse restrictive et la thèse syndicalistes sont l'une et l'autre inacceptables. Une solution intermédiaire s'impose.

Le syndicat professionnel n'a pas seulement le droit d'intervenir pour la défense de ses intérêts patrimoniaux. Il suffit pour s'en rendre compte de rapprocher et de combiner l'article 3 et l'article 6 de la loi de 1884. Le premier définit l'objet du groupement, le deuxième fixe les moyens d'action dont disposera l'association pour la réalisation de cet objet. Ces deux dispositions se complètent donc l'une l'autre, et en réalité, si le groupement possède le droit d'ester en justice, c'est pour la défense des intérêts collectifs de la corporation, autrement dit, des intérêts généraux de la profession pour la protection de laquelle le syndicat a été formé. De cette façon, nous étendons la théorie restrictive en reconnaissant aux syndicats la faculté d'intervenir pour la défense des intérêts collectifs de leurs membres.

21. — D'un autre côté, nous opposons une barrière à la théorie syndicaliste, par l'obligation des syndicats de se borner à un rôle strictement professionnel.

Nous avons remarqué plus haut, parmi les intérêts divers naissant dans le fonctionnement des syndicats, qu'il y avait fréquemment concordance entre l'intérêt collectif du groupe et l'intérêt individuel d'un ou quelques membres. Cette observation va nous permettre de résoudre la difficulté de l'intervention de la collectivité pour la défense des intérêts individuels de ses membres. Lorsque cette concordance existera, le syndicat, agissant pour la protection de l'intérêt collectif, défendra par cela même les intérèts particuliers d'un ou quelques-uns de ses membres. Si nous renversons les termes de notre proposition, nous dirons que la collectivité interviendra, dans ces hypothèses, pour la sauvegarde des intérèts individuels de ses adhérents, mais à la seule condition que ces intérèts touchent à l'intérèt collectif du groupe, à l'intérèt professionnel. Telle est la limite que nous assignons à l'action collective du syndicat pour la défense des intérèts individuels des unités qui le composent.

22. — En résumé, nous donnons comme champ d'activité à l'intervention syndicale la défense : 1o des intérèts patrimoniaux ; 2o des intérèts collectifs proprement dits ; 3o des intérèts individuels concordant avec l'intérèt général de la profession.

Ces quelques observations rapidement présentées, nous allons maintenant étudier la jurisprudence sur l'action syndicale et les différentes phases par lesquelles elle est passée.

TITRE II

Contrat collectif de travail

23. — En face de la concentration toujours croissante
des entreprises, facilitant l'emploi des procédés mécani-
ques qui réduisent à néant le rôle et l'habileté professionnelle de l'ouvrier dans la fabrication des produits,
et devant la force matérielle des patrons qui ne sont plus
en rapports directs avec leur personnel, le salarié
isolé, discutant les conditions de son travail, aurait eu
bien peu de chances, soit de les fonder sur une base
équitable, soit d'aboutir dans ses réclamations, fussent-
elles justes et bien établies.

L'usage du contrat collectif est venu remédier à cet
inconvénient. Il facilite l'établissement du taux des
salaires et de la durée du travail, que les représentants
des ouvriers peuvent discuter avec autorité et compé-
tence vis-à-vis du patron lui-même ou des délégués
des syndicats patronaux. Il donne enfin au contrat de
travail le caractère bi-latéral qui lui manquait complé-

tement, et évite ainsi l'acceptation des clauses léonines n'ayant d'autre cause que les besoins de la vie matérielle.

CHAPITRE I

LES SYNDICATS PROFESSIONNELS PEUVENT-ILS CONCLURE DES CONTRATS COLLECTIFS ?

24. — L'aptitude des syndicats professionnels à conclure dans l'intérèt de leurs membres des conventions collectives de travail trouve sa source dans la capacité générale de ces associations.

Elle est comprise dans les termes de l'art. 3 de la loi du 21 mars 1884, cité plus haut, c'est-à-dire dans les actes permis aux syndicats pour la défense des intérêts industriels, commerciaux ou agricoles de leurs membres.

Il est vrai que d'autres organes pourraient représenter les parties dans la conclusion des conventions collectives de travail : notamment les délégations de comités de grèves ; mais ces organisations passagères n'ont pas la stabilité que présente le groupement syndical et sont toujours animées ou affaiblies pas la lutte. Le syndicat professionnel, agissant en dehors de la violence et conscient de ses droits, est le mieux placé pour la conclusion du contrat collectif de travail.

Quoi qu'on en ait dit, il n'est pas impossible que le législateur de 1884 ait eu dans la pensée de comprendre parmi les attributions des syndicats le droit d'intervenir dans la formation de ces contrats.

M. Floquet, dans la séance de la Chambre du 21 mai 1881, compare les syndicats à des sociétés de commerce : « Que veulent donc faire ces associations sinon vendre la plus précieuse des marchandises, le travail humain, et le vendre aux meilleures conditions. — Oui, le but est de tirer un lucre, un profit à répartir entre les membres du syndicat ». (1)

25. — Au reste, la doctrine et la jurisprudence sont d'accord sur la question qui nous occupe.

M. Lambert (2) voit dans l'intervention des syndicats professionnels pour conclure des contrats collectifs, une de leurs attributions les plus naturelles.

M. Deslandres, dans une note aux Pandectes françaises, s'exprime ainsi (3): « Si le syndicat ne pouvait pas faire valablement un pareil contrat, il ne serait pas armé, en effet, pour jouer le rôle qui doit être le sien dans les luttes du travail et du capital... Pour que le

---

(1) En ce sens : V. amendement de M. Bertholon — Chambre, 17 mai 1881 — *J. Off.* 18 mai 1881, p. 928 — Rapport de Marcel Barthe précité. — Rapport Tolain au Sénat, 14 déc. 1883 — *J. Off.* annexes 1883, n° 112, p. 1117).

(2) *Du contrat en faveur des tiers.* Thèse. Paris, 1893, p. 354.

(3) Cass. 1ᵉʳ février 1893. P. F. 94. 1. 1.

syndicat puisse efficacement jouer son rôle, il faut qu'il puisse traiter pour ses membres ».

26. — La Cour de Cassation, chambre civile, dans son arrêt du 1ᵉʳ février 1893 (1), reconnaît implicitement aux syndicats professionnels le droit de conclure des contrats collectifs. Elle confirme un arrêt de la Cour de Dijon du 23 juillet 1890 qui admet en ces termes la validité de la convention collective : « Attendu que s'il est incontestable que la fixation du taux des salaires et la règlementation des heures de travail rentrent dans la catégorie des actes généraux pour la sauvegarde desquels un syndicat peut se constituer... » Dans le même sens ont jugé le tribunal civil de Cholet, 12 février 1897 (2) ; le tribunal de Commerce de la Seine, du 4 février 1892 (3), et en général toutes les décisions statuant sur l'exécution du contrat collectif de travail.

C'est donc un point hors de discussion que les syndicats professionnels ont la capacité de conclure des conventions collectives.

(1) Précité.
(2) *Revue des Sociétés*, 97, p. 303.
(3) Gaz. pal., 92, 1, 121.

CHAPITRE II

Nature juridique du Contrat collectif de Travail

27. — Une difficulté surgit lorsqu'on essaye de déterminer le principe de l'intervention des syndicats professionnels. Et tout d'abord, pouvons-nous trouver parmi les formes, les cadres que le Code civil met à notre disposition, un mode juridique nous permettant de l'expliquer ?

28. — Quelques auteurs l'ont tenté. Pour eux, tout acte de la vie économique, malgré l'intensité des transformations de l'organisme social, doit, semble-t-il, rentrer dans des cadres aux contours arrêtés d'avance et immuables.

On a rapproché l'intervention du syndicat de la théorie du mandat, notamment M. Bergeron (1). Mais nous ne trouvons dans le fonctionnement du contrat collectif, ni la procuration du mandant, ni l'acceptation du mandataire, ni la révocation possible du mandat, qui sont autant de règles essentielles à la validité de ce contrat.

Que dire de la stipulation pour autrui ?

C'est « un contrat en faveur d'autrui par une personne

---

(1) *Le droit des syndicats d'ester en justice*, thèse. Paris, 1898.

dépourvue de pouvoir » : Telle est la définition de
M. Planiol (1). Ainsi, une personne fait acquérir à un
tiers qui ne l'en avait pas chargé, un avantage quelconque. Ceci nous frappe, car il n'en est pas évidemment ainsi dans l'intervention du syndicat. En effet, ce
qui est bien certain, c'est que l'association, personne
morale, représente ses membres et a qualité pour le
faire, dans la conclusion du contrat. Il ne peut donc
pas y avoir assimilation complète.

Ce n'est pas l'opinion de M. Raynaud (2) : « Il y a
ici, d'une part le tiers, les ouvriers au profit desquels le
syndicat stipule telles conditions de travail qu'il peut
obtenir ; il y a, de plus, la condition nécessaire à la validité de cette stipulation, la promesse faite par le syndicat au patron, non pas de fournir les ouvriers ou de faire
le travail, mais de faire son possible pour que le travail
soit repris aux conditions agréées. »

Il est bien difficile de voir dans la promesse dont
parle M. Raynaud, la force d'un engagement. Aussi,
M. Laronze (3), pour soutenir la théorie de la stipulation pour autrui, propose « ne pas craindre d'élargir
quelque peu un domaine déjà vaste, afin de donner
accès aux principes généraux des collectivités ». Et plus
loin, il ajoute que pour arriver à une assimilation com-

(1) *Traité élémentaire de droit civil*, t. 1, 1904.
(2) Op. cit., p. 277.
(3) *De la représentation des intérêts collectifs et périodiques des
ouvriers, dans la grande industrie.* Paris, Thèse 1905.

plète, on est obligé de « fausser les rouages ordinaires
de la stipulation pour autrui. » L'auteur reconnaît donc
lui-même l'insuffisance du principe qu'il invoque à l'ap--
pui de sa thèse.

29. — Il est en effet illogique de vouloir rechercher
dans des formes préétablies la justification théorique de
l'action syndicale, sans tenir compte des transformations qu'introduit dans notre droit le fonctionnement
de la personnalité morale.

C'est ce qu'indique M. Michoud (1). « Nous croyons,
dit-il, que le syndicat stipulant des avantages pour ses
membres, n'a fait que grouper leurs intérèts et qu'il ne
faut pas assimiler la convention à une stipulation pour
autrui. C'est une convention faite par les syndiqués
par l'intermédiaire de la personne morale qui les répré-
sente. » Il n'y a pas en effet, dans la formation du contrat
collectif, trois groupes de personnes : la collectivité, les
membres de la collectivité, l'autre partie. Nous y trouvons, en réalité, deux parties seulement. Un groupement organisé conclut une convention dans l'intérêt de
ses membres. Une société quelconque, qui achète ou
vend pour ses membres, agit d'une façon identique.
On s'aperçoit alors que la convention collective passée
par un syndicat n'est pas un acte *sui generis*, mais une

(1) *La théorie de la personnalité morale et ses applications en droit
français*, 1909, tome 2, p. 195 et 1.

convention conclue par une personne morale. « On ne saurait dédoubler la collectivité et l'ensemble de ses membres... ni considérer les membres de cette collectivité comme des tiers à son égard ». Ainsi s'exprime M. Marcel Nast (1). Quand une collectivité entre en rapport avec une personne, ce sont ses membres qui sont parties au contrat. Cela résulte de ce que, dans un groupement organisé, syndicat, association ou société, existe un lien étroit, un but commun qui engendre l'intérêt collectif (2).

CHAPITRE III

Les Syndicats et l'Exécution du Contrat collectif

30. — La question de la nature juridique de l'action du syndicat intervenant dans la conclusion des conventions collectives de travail se rattache intimément à celle de leur exécution. C'est, en effet, principalement lorsqu'il s'est agi de déterminer et d'assurer les effets

(1) *Revue critique de législation et de jurisprudence* 1908, p. 536 et suiv.

(2) Voir : Deslandres, note sous Cassation, 1ᵉʳ février 1893 précité. Gény, note sous Nancy, 7 décembre 1895. P. F. 98. 2. 241, Gaussorgues, *récents projets sur le contrat collectif de travail*, Thèse 1908, p. 82 et s.

des conventions collectives que l'on a recherché leur nature.

31. — En appliquant la théorie de M. Planiol et de M. Waldeck-Rousseau, on est conduit à rejeter, d'emblée, l'action syndicale en exécution des conventions collectives. La violation de ces contrats se manifeste, en effet, par des lésions individuelles causées aux syndiqués, et quoique l'intérêt général de la profession puisse être en jeu dans la violation des clauses établies, les intérêts patrimoniaux de l'association ne seront jamais atteints.

32. — Certains auteurs, qui admettent l'action syndicale pour la défense des intérêts collectifs de la profession, distinguent, quand il s'agit de la réalisation des contrats collectifs, les actions en interprétation ou en exécution d'une part, et les actions tendant à l'allocation de dommages-intérêts pour inexécution. Ces dernières auraient exclusivement pour but la sauvegarde d'intérêts individuels. Nous verrons que la jurisprudence passe pour avoir suivi cette distinction aux yeux de certains commentateurs et ce qu'il faut en penser.

33. — La solution libérale admet l'action collective sans distinction, pourvu que les violations individuelles mettent en jeu l'existence du pacte (1).

(1) Pic. *Traité de législation industrielle*, 3ᵉ édition, n° 428. Dans le même sens, Jay, *Revue d'Economie politique*, 1894, p. 303 et s Hubert Walleroux, *Revue des Sociétés*, 1890, p. 57. 1897, p. 254. 1898, p. 104. Michoud, op. cit.

Mais la thèse qui nous paraît la plus favorable aux syndicats, en même temps que la plus juridique, est celle de M. Marcel Nast. Elle fait découler l'action syndicale de la nature du contrat collectif, sans considérer s'il peut être question d'intérêts généraux ou particuliers. La convention collective est, nous l'avons vu, un acte passé par une personne morale qui fait pour ainsi dire corps avec ses membres par l'effet du but, du lien commun qui les unit. Dès lors, il n'y a plus que deux parties en présence, et l'exécution se résoud comme celle d'un contrat ordinaire. Ainsi, l'intervention syndicale est basée « sur le contrat social, sur la volonté des associés manifestée dans les statuts de grouper leurs intérêts individuels communs en vue de les faire respecter par le moyen d'une action collective. »

34. — Le projet du gouvernement, déposé le 2 juillet 1906 par M. Doumergue, alors ministre du Commerce, sur le bureau de la Chambre, et concernant les conventions relatives aux conditions du travail, admet l'intervention des syndicats professionnels pour l'exécution des contrats collectifs.

Son article 20 est ainsi conçu : « Les syndicats qui sont intervenus comme partie à la convention collective relative aux conditions du travail, peuvent exercer toutes les actions qui naissent de cette convention collective en leur faveur ou en faveur de leurs membres avec leur consentement.

Ils peuvent spécialement agir pour obtenir l'exécution de la convention ou des dommages-intérêts au cas d'inexécution, soit contre les parties, individus ou syndicats, avec lesquels ils ont passé la convention collective, soit contre ceux de leurs membres qui n'auraient pas respecté les règles posées par la convention collective... » (1).

CHAPITRE IV

La Jurisprudence

La jurisprudence sur l'exécution du contrat collectif est fort intéressante. Son évolution est caractérisée par des courants assez nets. Les décisions rendues ont eu principalement pour objet des violations par les patrons de leurs engagements.

I. — Refus de l'action par application de la règle « nul en France... »

35.— Au premier plan de la jurisprudence, nous trouvons : l'arrêt de la Cour de Dijon du 23 juillet 1890, confirmé par arrêt de la Cour de Cassation du 1er février 1893. (2)

(1) Sur ce projet, v. Gaussorgues, op. cit.
(2) D.P. 93-1.241.

Ils refusent dans tous les cas au syndicat l'action en exécution de la convention collective. La personne morale n'est dans la conclusion du contrat qu'un mandataire qui accepte au nom des syndiqués les offres qui leur sont faites. Et s'il existe des droits à l'exécution ou à des réparations pour les manquements de l'autre partie à ses obligations, ils naissent en la personne des membres de l'association qui possèdent des actions individuelles pour les faire valoir. Ce serait aller à l'encontre de la maxime « nul en France ne plaide par procureur » que d'admettre le syndicat à les exercer. Quant à la personne morale elle-même, elle n'a pas subi de préjudice et ne peut exercer aucune action.

L'arrêt de la Cour de Dijon, après avoir reconnu la validité de la convention collective déclare qu'il « est certain toutefois que le syndicat ne peut en son nom exercer les droits et actions qui à la suite d'une prétendue inexécution de cette convention appartiennent individuellement et personnellement à une partie de ses adhérents. Que, bien évidemment, le syndicat envisagé comme personne morale n'a point souffert de préjudice à raison des faits... Que celles-là seulement parmi les ouvrières syndiquées vis-à-vis desquelles les engagements pris par les patrons n'ont pas été remplis ont le droit de se plaindre et de réclamer des dommages-intérêts... Qu'il s'agit donc bien d'une demande tendant à la défense des droits individuels d'un certain nombre des membres du syndicat, et que par suite du principe

« nul en France... » le syndicat n'est pas recevable... »

La Cour de Cassation confirma cette décision.

Elle estime que le syndicat « n'a été dans l'espèce
qu'un simple intermédiaire entre les propriétaires de l'usi-
ne et les ouvrières auxquelles seules les diverses con-
cessions étaient faites » et plus loin elle pense que si les
patrons ayant conclu la convention collective « étaient
réellement engagés envers leurs ouvrières et si ces dernières pouvaient puiser dans la convention, le cas
échéant, le principe d'une action individuelle en dommages-intérêts, le syndicat, qui n'est intervenu que pour
accepter en leur nom les offres qui leur étaient faites,
n'avait pas été de son chef partie au contrat et n'avait
par conséquent aucun droit pour en revendiquer les
effets. » (1).

II. — L'intervention est admise a cause de l'existence d'un préjudice moral

36. — Une première étape vers le libéralisme est marquée par le jugement du tribunal de commerce de la
Seine du 11 février 1892 (2). Suivant une convention conclue entre la Compagnie Générale des Omnibus de Paris

(1) Sic. Rouen 8 novembre 1899. S. 1900-1-98. 7 janvier 1903. S. 1903-
2-268.

(1) D. P. 1903-2-268.

et le Syndicat des employés d'omnibus, la journée de travail avait été fixée à 12 heures. La Compagnie imposa, au mépris de cette clause, des journées d'une durée supérieure. Le syndicat assigna son co-contractant devant le tribunal de commerce de la Seine : 1° en exécution de ses engagements ; 2° en indemnité pour paiement des heures de travail supplémentaire indûment exigées.

La juridiction saisie admet le principe de la Cour de Dijon, et, par son application, elle refuse au syndicat le droit de demander des dommages-intérêts pour inexécution du contrat collectif. Elle reconnaît cependant, et c'est là qu'elle entre dans la voie du progrès que, sans subir de cette violation de ses engagements par la Cie un préjudice matériel, le syndicat des employés d'omnibus en éprouve un préjudice moral qui suffit à légitimer son intervention. Et pour que cette lésion cesse, elle condamne la Cie à exécuter ses engagements sous une astreinte de 100 fr. par jour de retard.

Telle est, croyons-nous, l'interprétation la plus naturelle du jugement du tribunal de commerce de la Seine. On y a vu souvent une distinction faite entre l'exécution du contrat dans l'avenir et son inexécution dans le passé ; le tribunal admettant l'action syndicale dans le premier cas, la refusant dans le second. Mais comment arriver à cette solution, sur quelle base étayer un tel raisonnement ? Il n'y a pas de moyen terme à observer, ou bien le syndicat peut intervenir pour faire exécuter le contrat collectif (et ce droit comprend autant l'exécution future que les manquements commis dans le passé), ou bien cette faculté ne lui appartient pas et il ne peut jamais agir.

III. — Intervention syndicale basée sur la violation de l'intérêt professionnel

37. — Le tribunal civil de Cholet, jugement du 11 février 1897 (1), consacre toujours le principe des décisions ci-dessus. Mais il fait observer judicieusement que le syndicat agit pour la sauvegarde d'intérêts qui ne sont individuels qu'en apparence ; et si l'action paraît de nature à profiter plus spécialement à quelques syndiqués, une question plus importante se pose : celle de savoir « si toute l'économie du tarif pourra être impunément compromise par le fait d'un seul, au risque de tout remettre en question et de faire renaître entre patrons et ouvriers toutes les difficultés que le présent règlement a pour objet de résoudre. Dès lors, « les chambres syndicales plaident pour elles-mêmes, non pour autrui, pour l'intérêt professionnel qu'elles ont pour mission de défendre et à raison duquel elles ont stipulé. »

Le raisonnement du tribunal et le principe qu'il pose

____

(1) D. P., 1903, 2, 25.

sont gros de conséquences, en faveur de l'action syndicale (1).

Comment opèrera-t-on pour se prononcer sur la recevabilité de l'action ? A travers les lésions d'intérêts individuels, par où se manifeste nécessairement la violation d'une convention collective, il faudra rechercher l'intérêt professionnel. Admise s'il est en jeu, l'action sera rejetée dans le cas contraire. Il est bien évident, en effet, que si des difficultés s'élèvent entre le patron et les membres du syndicat signataire de la convention collective, au sujet, par exemple, de paiement d'avance ou tout autre intérêt n'ayant aucun lien avec le contrat passé et ne mettant en jeu aucune de ses clauses, le syndicat doit être débouté de sa demande. Mais si les réclamations individuelles d'un ou plusieurs syndiqués se rattachaient, « même indirectement » (2), à l'exécution intégrale de la convention, il faudrait reconnaître à la chambre syndicale le droit d'agir, sous peine de faire un leurre de l'action collective.

Nous aboutissons à cette conclusion, que le syndicat est directement intéressé à ce que la violation de la convention par un patron ne reste pas sans sanction, ne plaidant contre lui il défend un intérêt professionnel. Nous sommes conduits rationnellement (3) « à

______

(1) Perreau, *Revue critique*, 1904, p. 129.
(2) Pic, op. cit., p. 301.
(3) M. Perreau, op. cit.

admettre dans tous les cas l'action collective parce qu'il y aura toujours atteinte à l'intérêt professionnel ».

Le tribunal civil de Bourgoin, dans un jugement confirmé par arrêt de la Cour de Grenoble du 6 mai 1902 (1), dégage très nettement le préjudice qui résulte pour la profession de manquements d'un syndiqué aux obligations qu'il a contractées comme membre d'une association signataire d'une convention collective.

Le syndicat médical de Bourgoin avait passé avec certaines Cies d'assurances un contrat fixant à un taux déterminé le tarif des soins à donner aux assurés, victimes d'accidents. Le docteur C..., membre dudit syndicat, continua à traiter les clients de ces Cies suivant un tarif plus bas. Il fut assigné par le syndicat médical. Le tribunal se prononce catégoriquement sur l'existence du préjudice causé à la profession :

« Attendu que les agissements de C... ont causé au syndicat un préjudice certain, que les Cies, trouvant auprès de lui la possibilité de faire soigner leurs blessés à des conditions plus avantageuses que celles du syndicat, ont naturellement refusé de traiter avec celui-ci... qu'ainsi les membres du syndicat, restés fidèles à leurs engagements, se sont trouvés privés non seulement de la majoration que comportait le tarif, mais encore de la clientèle qu'ils auraient pu conserver au moins momentanément si C... avait observé comme eux ses obliga-

(1) D. P. 1903, 2, 33.

tions. Que le tribunal trouve dans la cause des éléments suffisants pour fixer les dommages-intérèts en tenant compte de la possibilité de l'envoi par les Cies d'un médecin non syndiqué. »

Les décisions que nous venons d'analyser ne forment pas, à vrai dire, en elles-mèmes, une étape de la jurisprudence concernant l'action syndicale en exécution des conventions collectives. Tandis que le tribunal de Commerce de la Seine avait vu dans la violation du contrat un préjudice moral causé à la collectivité, elles y trouvent une atteinte aux intérèts professionnels de l'association. Elles changent simplement de point de vue. Mais ce qui est exact, c'est qu'elles ont fait ressortir avec une remarquable netteté les conséquences de ces manquements sur la profession tout entière.

IV. L'Intervention syndicale fondée sur la nature juridique du contrat collectif.

38. — Au point où nous sommes de notre étude jurisprudentielle, soit que les tribunaux admettent un préjudice moral à l'exécution du contrat, soit qu'ils y rencontrent un intérèt professionnel, nous n'avons remarqué que des procédés indirects pour permettre au syndicat d'intervenir dans le but d'exercer des droits qu'il semblait ne pas posséder en réalité.

Il nous faut arriver au jugement du tribunal de Saint-

Etienne du 11 juillet 1907, confirmé par arrêt de la Cour
d'appel de Lyon, du 10 mars 1908 (1), pour voir reconnaître, d'une façon directe, à l'association professionnelle, le droit de demander l'exécution du contrat
qu'elle a conclu, et ce, en vertu de la nature même des
conventions collectives. Cet acte est, en effet, considéré
comme une institution nouvelle, conséquence du fonctionnement normal de la loi du 21 mars 1884. C'est la
formule arrêtée que doivent suivre et respecter les contrats individuels de travail qui seront passés dans la
suite entre les membres du syndicat contractant et
l'autre partie. Comme un contrat ordinaire, il crée à
l'égard de chaque contractant des obligations. Et de
même qu'une personne physique ayant pris part à la
conclusion d'un contrat qu'elle a signé, le syndicat
peut s'adresser à la justice en vertu des principes généraux du Code civil, pour demander à l'autre partie
l'exécution de ses engagements.

« Attendu, dit le tribunal de Saint-Etienne, qu'au
vu du texte du contrat et eu égard aux circonstances
qui ont accompagné sa formation, il paraît certain que
sa destination est de n'engendrer que des obligations
générales et collectives ; qu'il se borne à fixer les conditions principales quant aux salaires et à la durée du
travail... qu'il offre à la fois la base sur laquelle doi-

______

(1) D. P. 1902-2-37. Voir en note le jugement du Tribunal de Commerce de Nimes du 7 juillet 1907.

vent reposer et le cadre auquel doivent se conformer les conventions individuelles... qu'il est certainement considéré par les parties comme entraînant des obligations civiles analogues à celles qui naissent des contrats en général... que le tribunal se trouve ainsi amené à l'admettre comme un fait juridique né de la mise en pratique de la loi du 21 mars 1884... que, bien que législativement ce mode de contrat nouveau n'ait pas de dénomination certaine, il suffit que les conventions qu'il consacre ne soient ni contraires à l'ordre public, ni contraires aux bonnes mœurs, pour que le tribunal soit autorisé à en interpréter les clauses et à en examiner les effets. »

La Cour de Lyon, qui confirme ce jugement, est également très explicite au sujet du contrat collectif de travail. Dans la convention, le syndicat n'entend pas borner son action au rôle d'intermédiaire, mais « il stipule et promet pour lui-même »... « c'est une réglementation générale des conditions du travail et des salaires, arrêtée entre la compagnie et le syndicat, être moral, représentant la collectivité des intérêts professionnels... qu'elle déclare en termes formels que les parties contractantes s'engagent réciproquement à observer cette réglementation ».

Ces décisions ne sont pas restées isolées. Nous trouvons notamment, dans le même sens, un jugement du tribunal civil de la Seine du 23 avril 1909 (1).

____

(1) Gaz. pal, 1910, 1. 337.

Il part de la nature du contrat collectif pour reconnaître au syndicat le droit d'intervenir dans son exécution. « Qu'il s'agit d'un contrat nouveau résultant de l'action collective instituée par la loi elle-même pour la défense des intérêts généraux professionnels...

» Qu'il est donc constant que l'accord intervenu entre les chambres patronale et ouvrière a été considéré par les parties comme un contrat entraînant des obligations civiles analogues à celles qui naissent des contrats en général, que ces engagements étaient fermes et précis et que les syndicats ont dû réciproquement compter sur leur exécution. »

Cette solution peut être considérée comme le dernier terme de l'évolution jurisprudentielle. L'intervention du syndicat repose sur la nature juridique du contrat collectif, envisagé comme une convention nouvelle née de la mise en œuvre de la loi de 1884 et du fonctionnement normal des syndicats professionnels personnes morales, dans les limites et pour la réalisation du but que leur a assigné le législateur, solution que nous avons admise plus haut.

Le syndicat est lui-même partie au contrat, il peut en réclamer l'exécution. Mais il faut remarquer que la violation de la convention collective se manifestera toujours par des préjudices particuliers. A côté des actions individuelles nées de ces lésions, existera l'action collective du syndicat intéressé comme contractant à l'application des clauses de la convention. Dès

lors, bien que les membres de l'association, personnellement lésés, aient le droit de poursuivre la réparation
du préjudice causé devant les tribunaux, le syndicat
aura lui-même la faculté d'agir par voie principale et
de réclamer des dommages à la fois pour ses membres
et pour lui-même ; et il soutiendra seulement en apparence l'intérêt individuel de quelques membres, mais
en réalité l'intérêt collectif de sa profession pour l'exécution du pacte qu'il a signé.

Ce qu'il est essentiel de retenir, c'est que, dans le
dernier état de la jurisprudence qui, croyons-nous,
triomphera, le syndicat professionnel a le droit de
demander en justice l'exécution de la convention collective dont il est signataire, et cela de par la nature
juridique du contrat collectif de travail, et non plus
parce qu'il avait subi par sa violation un préjudice
moral ou professionnel. La distinction n'est pas purement théorique puisqu'on peut refuser dans le deuxième cas, à une association, le droit de demander des
dommages-intérêts tendant à réparer les inexécutions
commises à l'égard des syndiqués.

TITRE III

L'action syndicale pour la réparation des délits civils et des quasi-délits.

39. — Les faits que nous allons étudier, sous ce titre, comme susceptibles d'entraîner l'intervention des syndicats pour la défense des intérêts de leurs membres touchent particulièrement au patrimoine personnel des unités qui composent l'association. Sans doute les syndicats professionnels peuvent bien, en tant que personnes morales distinctes de leurs membres, être victimes de délits civils ou de quasi-délits, et dans ce cas l'action syndicale ne donne pas lieu à discussion. Mais la plupart du temps les dommages seront causés aux syndiqués soit dans leurs personnes soit dans leurs biens et le groupement corporatif n'en ressentira que des effets plus ou moins indirects.

La jurisprudence, d'accord avec la grande majorité des auteurs, trouvera, après maintes hésitations, dans ces atteintes, les éléments d'une responsabilité dont elle tiendra compte à l'association, d'abord par la recevabilité de son action, ensuite par l'allocation de dommages-intérêts.

40. — Il faudra non plus qu'elle considère exclusivement deux sortes d'intérêt distincts dans les syndicats professionnels : ceux de la personne morale d'un côté, ceux des syndiqués pris individuellement de l'autre ; mais qu'elle envisage un troisième facteur avant tout, l'intérêt collectif et général de la profession, dont la défense fait l'objet de l'association. Alors apparaîtra nettement cette concordance, fréquente dans le fonctionnement des syndicats, entre les intérêts individuels des syndiqués et l'intérêt général professionnel du groupe, qui est la clef du problème de l'intervention syndicale ; ces deux éléments n'étant plus exclusif l'un de l'autre pourront se cumuler.

41. — Les premières décisions intervenues voient uniquement dans les faits qui nous occupent des dommages purement individuels, dont la réparation est du seul domaine des actions individuelles. Et nous rencontrerons ici les manifestations jurisprudentielles les plus restrictives quant à l'intervention des syndicats professionnels.

I. — Le syndicat est débouté de sa demande parce qu'il soutient des intérêts individuels

42. — L'arrêt de la Cour d'Aix du 26 janvier 1887 (1) repousse l'action en concurrence déloyale d'un syndicat de négociants en tissus et s'exprime ainsi : « Attendu que l'action n'a jamais eu pour objet ni la considération du syndicat à laquelle il aurait été porté atteinte par R... ni son patrimoine... que si, par son article 3, la loi du 21 mars 1884 reconnaît aux syndicats professionnels le droit d'ester en justice, c'est pour la défense des intérêts inhérents à leur personnalité juridique ; que leur action est non recevable si, comme dans l'espèce, elle a pour objet les droits individuels de leurs adhérents, qu'il est de maxime en France que nul n'y plaide par procureur ». Il établit une distinction irréductible entre les intérêts du syndicat, envisagé comme personne morale, qu'il décompose en deux éléments, patrimoine et considération, et les intérêts individuels des membres.

C'est la mise en pratique de la théorie de MM. Waldeck-Rousseau et Planiol, que nous avons indiquée déjà. On aboutit ainsi à cette fâcheuse conséquence : l'interdiction au syndicat d'intervenir pour défendre la profession.

L'arrêt de la Cour d'Aix n'est pas resté isolé.

(1) P. F. 1887-2-214. Rousseau et Laisney, 1887, p. 45.

Le tribunal civil d'Evreux, jugement du 21 octobre 1887 (1), applique à un cas de quasi-délit les principes ci-dessus adoptés pour un délit civil.

Un syndicat agricole demande une indemnité à raison de dégâts causés aux propriétés de plusieurs de ses membres par le fait des lapins d'une chasse voisine. Le tribunal le déboute de sa prétention sous prétexte que l'action syndicale était dirigée dans le but d'obtenir la réparation de dommages individuels.

« Que le but de cette action est nettement précisé et défini par L... lui-même dans son assignation ; qu'il poursuit comme président et au nom de ce syndicat les réparations dues à des propriétés de certains de ses membres... »

Même solution, plus explicite encore s'il est possible, par le tribunal civil d'Arras du 13 juin 1888 (2). Dans des circonstances identiques, il déclare que « des termes mêmes des statuts du syndicat et aussi de ceux de l'assignation, il résulte que les champs dont les récoltes auraient été dévastées sont exploitées non par le syndicat lui-même dans, l'intérêt et pour le compte de l'association, mais par certains membres du syndicat lui-même dans leur intérêt privé qu'aucun préjudice n'a été souffert par le syndicat... »

L'idée dominante est toujours la même : d'un côté les

(1) D. P. 1888. 3. 136.
(2) D. P. 1890. 3. 55.

intérêts patrimoniaux du syndicat, de l'autre les intérêts de ses membres.

En somme, on peut dire que ces décisons font abstraction de l'intérêt collectif pour la défense duquel le
syndicat a été créé.

II. — La Demande du Syndicat est admise
parce qu'il défend
l'Intérêt Collectif en vue duquel il a été créé.

43. — La jurisprudence n'a pas tardé à abandonner ces
solutions rigourcuses ; elle est résolument entrée dans
la voie du progrès. Ainsi, l'arrêt de la Cour d'Amiens du
13 mars 1895 (1), marque une modification sensible
dans la notion de l'action syndicale. Elle conçoit, à côté
des intérèts purement patrimoniaux de l'association, les
intérèts de la collectivité qui ne sont que la résultante
des intérèts individuels dont la mise en commun constitue le but de l'association. Cependant elle se montre
encore absolue dans son système puisqu'elle pense
qu'il n'y a véritablement intérêt collectif que lorsque
tous les membres du syndicat sont intéressés à la
demande.

Le tribunal de Péronne, par jugement du 22 mars
1894, avait refusé à un syndicat des poissonniers de la
Somme des mesures de protection contre l'empoisonne-

(1) D. P. 97. 1. 120.

ment de leurs étangs par les eaux usinières des raffine-
ries de sucre : « attendu que l'on ne rencontre pas dans
cette association une centralisation d'efforts sous une
seule et même inspiration pour la protection et la
défense des intérêts professionnels, mais une série d'actions individuelles où les revendications individuelles
dominent les besoins de tous. »

A la suite de l'appel interjeté par le syndicat, la Cour
d'Amiens, arrêt du 13 mars 1895, infirme cette décision.
Contrairement à ce qui avait été jugé, elle constate que
les intérêts de tous les membres du syndicat étaient
en cause et reçoit l'action :

« Considérant qu'il est allégué que tous les étangs
syndiqués sont contaminés par les eaux usinières ; que
ces étangs communiquent d'ailleurs entre eux, soit directement, soit indirectement, que les germes morbides qui
seraient apportés dans quelques-uns seulement, se propa-
geraient nécessairement dans tous les autres ; considérant que, dans ces conditions, il est manifeste que les
mesures sollicitées ont pour objet un intérêt commun et
collectif, qu'elles n'ont d'autre but en effet que d'empêcher le dépeuplement des étangs dont tous les syndiqués auraient également à souffrir. »

Adoptant ces motifs, la Cour de Cassation, le 5 janvier 1897, rejeta le pourvoi formé contre cet arrêt. Elle
ajoutait que le syndicat avait agi non pas pour la défense d'intérêts individuels, mais dans l'intérêt professionnel et général.

Ainsi, quand un quasi-délit atteint la généralité de ses adhérents, le syndicat peut s'adresser à la justice pour en demander réparation.

44. — Inversement suivant l'interprétation de la Cour d'Amiens, un syndicat peut intervenir pour sauvegarder contre des faits qui leur portent atteinte, les intérêts individuels des ses membres, à la condition que tous ses adhérents soient intéressés à l'action, que les faits soient susceptibles de les atteindre tous, car alors il soutient l'intérêt général et collectif de la profession.

45. — Telle est également la solution de la Cour de Rouen (1), dans son arrêt du 8 novembre 1899. Elle statue à la suite de l'appel formé contre un jugement du tribunal de commerce du Hâvre, du 17 janvier de la même année, sur une demande en dommages-intérêts formée par la Chambre syndicale des commerçants réunis du Hâvre, en réparation du préjudice causé par des faits de concurrence déloyale reprochés à un négociant. Elle déclare que, sans avoir à rechercher si une aussi vaste association peut constituer un syndicat professionnel, « il est incontestable cependant, que l'action en dommages-intérêts ne peut lui appartenir que tout autant que la généralité de ses membres aurait été atteinte dans ses intérêts par les faits allégués... »

(1) D. P. 1900. 2. 338.

46. — L'arrêt de la Cour de Nancy du 19 avril 1902 (1) marque une extension importante dans la notion de l'intérêt collectif et général. Il estime que des faits de concurrence déloyale commis par certains négociants causent au syndicat des marchands de vins en gros de cette région, non seulement un préjudice matériel par les inégalités qu'ils établissent au sujet de l'exercice de la profession entre les commerçants honnêtes et le commerçant malhonnête, au profit de ce dernier, mais encore un préjudice moral parce qu'ils jettent sur l'ensemble de la profession un discrédit, résultat inévitable de certains procédés de réclame blâmables et illicites.

« Attendu que ces intérêts (énumérés par l'article 3, l. 21 mars 1884) sont évidemment en cause lorsqu'il s'agit pour ledit syndicat de poursuivre la réparation du délit causé à la collectivité par des actes de concurrence déloyale. Qu'en supposant, en effet, que ces actes soient prouvés, ils seraient de nature à établir une inégalité illicite entre le commerçant qui ne craindrait pas d'y recourir et ceux, au contraire, qui exerceraient scrupuleusement leur profession ».

De là, existence d'un préjudice matériel. « Attendu d'autre part, que le syndicat n'aurait pas moins qualité pour agir en vue de défendre et d'assurer le bon renom des négociants syndiqués, compromis ou tout au moins exposés par des procédés de réclame blâmables et illicites, de tels usages commerciaux pra-

(1) D. P. 1903, 2-29.

tiqués par un seul étant de nature à jeter la déconsidération et le discrédit sur tout le commerce de cette
catégorie. »

L'arrêt voit dans ce fait un préjudice moral motivant
encore l'intervention du syndicat.

« Que, dans ces conditions, le préjudice moral et
matériel intéressait et atteignait non pas seulement
chacun des membres syndiqués individuellement, mais
la collectivité même de tous ces négociants qui a pour
organe le syndicat. Qu'il y a lieu, dès lors, de reconnaître au nom de cet intérêt commun et collectif... »

L'importance de cette recherche d'un préjudice moral
est facile à saisir. Son effet immédiat est l'élargissement
de l'action syndicale. Si l'on conteste à un syndicat la
recevabilité de son action sous prétexte que les faits
dont il demande réparation ne lui ont pas causé de préjudice matériel, il aura toujours la ressource d'invoquer
un préjudice moral porté à sa profession, et cela seulement légitimera son action.

47. — Un nouveau progrès est réalisé par l'arrêt de la
Cour de Cassation du 13 mars 1905 (1).

L'action collective est admise pour la réparation
d'un délit civil commis seulement envers quelques syndiqués, sans qu'il soit besoin que la totalité ou la plupart soient atteints.

Le juge de paix du premier canton de Bordeaux, sta-

(1) D. P. 1906 — 1-113.

tuant sur une demande en dommages-intérèts formée par un syndicat professionnel contre un patron et basée sur ce fait que le requis avait refusé d'embaucher des ouvriers syndiqués, rendait, le 18 aoùt 1903, un jugement interlocutoire ordonnant enquète sur les circonstances dans lesquelles le refus s'était produit :

» Que les intérèts des membres d'un syndicat professionnel sont étroitement unis, autant par le but poursuivi que par le travail commun qu'il s'agit de protéger... qu'aux termes de l'art. 6 de la loi du 21 mars 1884, les syndicats professionnels peuvent ester en justice pour protéger les intérèts des syndicats et des syndiqués, que cette disposition doit s'entendre dans ce sens que si un tort est porté déjà à plusieurs des membres du syndicat par une mesure d'ordre général qui est de nature à atteindre à l'avenir la totaiité ou la plupart de ses membres, le syndicat a qualité pour intervenir... qu'on ne saurait lui reprocher de n'avoir pas attendu que chacun des syndiqués ait subi un préjudice ».

Cette décision fut confirmée par le Tribunal civil de Bordeaux. Par arrèt du 13 mars 1905, la Cour de Cassation rejetait le pourvoi formé.

48. — En somme, un syndicat pourra porter son action collective devant les tribunaux pour obtenir la réparation des délits civils ou quasi-délits qui, bien qu'ayant atteint spécialement tels ou tels de ses membres, auront préjudicié à l'intérèt commun et collectif qu'il représente.

C'est ce qu'a jugé, pour un cas de concurrence déloyale, le Tribunal de commerce de la Seine, le 20 janvier 1908 (1).

« Attendu que l'action intentée a pour but seulement de faire disparaître certaines dénominations génériques que le syndicat allègue être susceptibles de créer une inégalité de concurrence pouvant nuire à la collectivité des crémiers, c'est-à-dire au commerce de la crémerie en général, que, dès lors, si les faits avancés sont prouvés, il s'agit bien de défendre un intérêt général s'appliquant à la profession exercée par les membres du syndicat. Que par suite celui-ci a qualité... »

Citons enfin dans ce sens l'arrêt de la Cour de Cassation du 25 janvier 1910 (2).

Les sieurs David et Dubignon, commissaires-priseurs, vendaient, sous le couvert de leurs fonctions, à prix débattu et à l'amiable, des meubles neufs. Le syndicat de l'ameublement de la ville du Mans les assigna en réparation de ces actes de concurrence déloyale. Après arrêt de la Cour d'Angers, du 20 décembre 1906, et sur pourvoi des sieurs David et Dubignon, la Cour de Cassation se prononce pour la recevabilité de l'action : « Attendu que les faits ainsi caractérisés par l'assignation étaient par leur nature susceptibles de nuire à l'ensemble des marchands de meubles du Mans ; qu'il suit de là qu'en introduisant cette instance, le syndicat,

(1) *Gaz. trib.*, 1908. I. 2-261.
(2) *Gaz. palais*, 1911.

représenté par son président, ne se proposait pas de donner satisfaction aux intérêts individuels de ses membres, mais agissait pour la défense de l'intérêt professionnel commun à tous. »

49. — Nous voilà bien loin de l'arrêt de la Cour d'Aix et des jugements des tribunaux d'Evreux et d'Arras. L'action qu'ils rejetaient comme tendant à la protection d'intérêts individuels est admise parce que l'intérêt collectif et général du syndicat a été lésé.

Est-ce à dire que les faits de délits civils ou de quasi-délits dont peut avoir à se plaindre le syndicat ne portent pas spécialement sur tels ou tels de ses membres ? Certes, non. Quand il agit ainsi, pour la défense de l'intérêt collectif, le syndicat prend plus spécialement en mains la cause de certains syndiqués directement atteints. Ce résultat provient du parallélisme ou plutôt de la concordance entre l'intérêt collectif et certains intérêts individuels, d'où il résulte que l'association, en sauvegardant l'un, défend par cela même les autres.

De cette remarque, nous pouvons conclure que le syndicat aura la faculté de soutenir en justice les intérêts individuels de ses membres, à la condition que l'intérêt commun et collectif soit en jeu.

Et cet intérêt collectif, qu'il soit qualifié de moral, de matériel, de professionnel, n'est autre chose que l'intérêt général de la profession dont la défense fait l'objet de l'association.

TITRE IV

Recours contre les Actes administratifs

50. — Les syndicats professionnels ont fréquemment porté devant les juridictions administratives des recours contre les actes de l'autorité par lesquels ils se prétendaient lésés. Les solutions ont été facilitées, dans cet ordre d'idées, par la notion de recevabilité courante des pourvois contre les actes administratifs. L'intervention syndicale s'est manifestée ordinairement dans les recours pour excès de pouvoirs.

51. — Or si, dans le recours de pleine juridiction, la violation d'un droit est rigoureusement exigée de la part du demandeur, comme étant la cause fondamentale de l'action, si la décision sollicitée a pour but de donner satisfaction à ce droit violé, aucun moyen d'agir n'étant reconnu, comme en droit civil d'ailleurs, à ceux dont les intérêts sont atteints, mais dont les droits sont respectés; dans le contentieux d'annulation, une personne dont les seuls intérêts sont atteints pourra provoquer la chute d'un acte qui lui porte préjudice sans léser ses droits. En effet, les actes discrétionnaires de l'administration ne sauraient atteindre les droits des citoyens ; lorsqu'ils lèsent leurs intérêts, ils peuvent être attaqués par la voie du recours pour excès de pouvoir. Mais cet intérêt n'est pas la cause de l'action, laquelle réside dans le vice qu'on invoque, il n'est qu'une garantie du caractère sérieux que présente la demande. La loi ne permet de faire valoir ce vice que tout autant qu'on a un intérêt attaché à sa constatation (1).

La justification de cet intérêt froissé a été relativement facile pour les syndicats professionnels. Le Conseil d'Etat a reçu d'une façon générale leurs recours avec faveur.

52. — Pour étudier le principe et donner un aperçu d'ensemble de cette jurisprudence administrative, nous nous placerons au point de vue de l'objet des actes de l'autorité sur lesquels ont porté les décisions. En effet, le point de vue chronologique et d'évolution n'offre pas ici d'intérêt, le Conseil d'Etat n'ayant pour ainsi dire pas varié dans son système, et il a l'inconvénient de l'obscurité et de la monotonie.

---

(1) V. Barthélemy. *Traité élémentaire de droit administratif,* 2ᵉ édition.

I. — L'Acte administratif attaqué a une portée générale.

53. — Tels sont, notamment, les réglements qui s'appliquent à tous les membres d'une profession. Ils peuvent concerner l'usage d'un produit déterminé dans certaines entreprises : par exemple, l'emploi du blanc de céruse dans l'industrie du bâtiment. Ils peuvent de même consister dans des mesures d'hygiène publique, imposées aux propriétaires urbains ou ruraux d'une localité.

Dans tous ces cas, et dès les premières espèces qui lui furent soumises par les recours syndiquaux, le Conseil d'Etat admit l'intervention de la collectivité.

Son arrêt du 25 mars 1887, statue pour la première fois sur un recours pour excès de pouvoir formé par un syndicat professionnel. Le Syndicat des établissements de bains de Paris lui déférait une ordonnance du Préfet de police réglementant les bains. La décision intervenue (1) ne s'explique pas sur la recevabilité syndicale, mais reçoit l'action de la collectivité demanderesse, et annule certains articles de l'ordonnance attaquée.

Le 1er mars 1896 (2), le Conseil d'Etat avait à se prononcer sur un recours pour excès de pouvoir formé par M. Boucher d'Argis, au nom de la Chambre syndicale

(1) D. P. 1888. 3-57.
(2) D. P. 1897. 3-60.

des propriétaires de Paris, contre un arrêté du Préfet de la Seine imposant aux propriétaires d'immeubles certaines mesures pour le fonctionnement du tout à l'égout. L'action syndicale est reçue.

Même solution, toujours dépourvue de motifs, sur la recevabilité, par l'arrêt du 6 février 1903 (1). Le syndicat des producteurs du blanc de Céruse attaquait un arrêté du maire de Montluçon concernant l'emploi du blanc de Céruse. Le dit arrêté se composait de deux articles : le premier interdisait l'emploi du blanc de Céruse dans les travaux de la commune de Montluçon (or, plusieurs contrats avaient été passés antérieurement avec certains entrepreneurs). L'article 2 prohibait l'usage de ce produit dans tous les travaux particuliers effectués dans la commune de Monluçon.

L'article premier est annulé (2).

Ainsi, lorsque l'acte administratif attaqué à une portée générale, il est de nature à intéresser, à atteindre la profession tout entière dont la défense fait l'objet du syndicat ; pas de difficulté sur la recevabilité du recours, quoique le Conseil d'Etat évite de se prononcer.

II. — L'Acte administratif attaqué est individuel

54. — Nous entendons par là les mesures de l'auto-

(1) D. P. 1904, 3, 69.
(2) *Sic* Cons. d'Etat, 10 février 1904 (D. P. 1905, 3, 57.

rité administrative qui visent particulièrement et spécialement tel ou tel, un ou quelques-uns des membres
de l'association. Rentrent dans cette catégorie les actes
administratifs, de nomination, avancement ou permutation de fonctionnaires : ceux qui confèrent les diplômes
permettant l'exercice de certaines professions (dentistes, pharmaciens, médecins).

55. — Ici la question de l'action collective devient
plus délicate, car la mesure administrative porte plus
particulièrement sur certains syndiqués ou même sur un
seul. L'intervention syndicale sera résolue, l'action collective existera parallèlement à l'action individuelle,
lorsque, malgré sa spécialité, l'acte attaqué sera de
nature à préjudicier éventuellement à l'ensemble des
membres de la collectivité, quand il constituera un
danger menaçant la profession tout entière.

56. — C'est ce que le Conseil d'Etat a jugé, notamment pour les associations de fonctionnaires (1), et également pour les syndicats professionnels.

Dans son arrêt du 9 février 1906 (2), tout en restant
toujours muet sur le principe de la recevabilité, il admet
qu'un syndicat de chirurgiens-dentistes a qualité pour
attaquer devant lui, par la voie du recours, pour excès
de pouvoir, une décision du Ministre de l'Instruction

(1) Nous renvoyons, pour l'étude de ces décisions, à la 2ᵐᵉ partie.
(2) D. P., 1907, 3, 99.

publique conférant le diplôme de chirurgien-dentiste à une personne que le syndicat prétend ne pas remplir les conditions exigées pour l'obtention de ce diplôme ; en conséquence, il annule la décision (1).

Dans ce danger qui menace l'ensemble de la profession, il y a, il n'en faut pas douter, un intérèt collectif syndical largement suffisant pour motiver l'admission du recours pour excès de pouvoir formé par l'association.

III. — L'ACTE ADMINISTRATIF ATTAQUÉ EST INTERVENU SUR LA DEMANDE PERSONNELLE D'UN OU DE QUELQUES SYNDIQUÉS.

57. — Nous rangeons sous cette rubrique, les actes portant refus de délivrance d'alignement, les refus d'autorisation de voirie, des demandes de dérogation à la loi du 13 juillet 1906 sur le repos hebdomadaire. La solution qui vient naturellement à l'esprit dans ces hypothèses est la suivante : seules les personnes qui ont sollicité les actes administratifs, peuvent se pourvoir contre eux. Elles n'ont par conséquent, outre la faculté d'agir elles-mêmes, que celle de se faire représenter par un mandataire muni d'une procuration régulière.

58. — C'est en effet la solution adoptée par le Con-

(1) *Sic*, Conseil d'Etat, 13 février 1907. D. P., 1908, 3, 100, pour une association de fonctionnaires.

seil d'Etat. Sur ce point il se prononce explicitement au sujet de la question de recevabilité de l'action syndicale. Nous pouvons citer, notamment, son arrêt du 28 décembre 1906 (1). Voici dans quelles conditions il est intervenu.

La loi du 13 juillet 1906 sur le repos hebdomadaire organise des procédures de demandes en dérogation. Elle ne précise pas les personnes qui devront les former. Son article 9 est en effet conçu en ces termes : « L'arrêté préfectoral pourra être déféré au Conseil d'Etat dans la quinzaine de sa notification aux intéressés. »

Or, le 17 septembre 1906, le Préfet de la Haute-Vienne prenait, à la suite d'une demande en dérogation à la loi du 13 juillet 1906, formée par le syndicat des patrons coiffeurs de Limoges, un arrêté refusant la mesure sollicitée. Le recours syndical fut porté devant le Conseil d'Etat qui, par arrêt du 28 décembre 1906, rejetait le pourvoi.

« Considérant que s'il appartient aux syndicats professionnels de prendre en leur propre nom la défense des intérêts dont ils sont chargés aux termes de l'article 3 de la loi du 21 mars 1884, ils ne peuvent intervenir au nom d'intérêts particuliers, sans y être autorisés par un mandat spécial ; que par suite le syndicat requérant ne pouvait adresser de demande au Préfet que

(1) D. P. 1907. 3. 13.

comme mandataire de chacun de ses membres pour lesquels la dérogation était sollicitée.

« Considérant que la demande collective présentée au préfet par le syndicat et qui, d'ailleurs, ne contenait l'indication ni du nom des patrons coiffeurs pour qui elle était formée, ni du siège de leurs établissements, n'était accompagnée d'aucun mandat, que, dans ces conditions, cette demande n'était pas régulière... »

C'est sur l'inexistence de ce mandat que le Conseil d'Etat se base pour déclarer l'irrecevabilité de l'action collective : il s'appuie donc sur la règle « nul en France ne plaide pas procureur. »

Cela est si vrai qu'il reçoit l'intervention syndicale, lorsque la procuration a été régulièrement donnée aux représentants qui s'adressent à lui. Telle est sa décision du 1ᵉʳ février 1907 (1). Le Syndicat coopératif des patrons coiffeurs de Marseille formait un pourvoi contre un arrêté du préfet des Bouches-du-Rhône rejetant une demande en dérogation à la loi sur le repos hebdomadaire, tendant à faire donner aux ouvriers coiffeurs le repos hebdomadaire le lundi. La demande avait été introduite par le syndicat représenté par son président et les membres de son conseil d'administration, régulièrement autorisés par 410 patrons. L'arrêt, sans statuer sur la recevabilité de l'action, se borne à constater la régularité du recours. C'est donc que cette sorte de mandat lui suffit.

(1) *Recueil*, 1907, t. **LXXVII**, pp. 120 et 122.

Mais, même dans ce cas, lorsque la mesure sollicitée, quoique provoquée par un ou quelques syndiqués seulement, est de nature à mettre en jeu l'intérêt collectif de la professsion, nous croyons que le syndicat, défenseur de ce dernier, pourra intervenir malgré tout en son nom personnel.

TITRE V

La Répression

59. — Notre droit pénal confie l'action publique pour l'application des peines aux fonctionnaires désignés par la loi (art. 1, code C.I.C.) : « Les procureurs du roi sont chargés de la recherche et de la poursuite de tous les délits dont la connaissance appartient aux tribunaux de police correctionnelle et aux cours d'assises. » (art. 22, C.I.C.)

60. — Le ministère public a donc l'exercice de l'action publique ; mais il n'en a pas le monopole. Certaines administrations sont chargées d'assurer la répression de diverses infractions aux lois forestières et fiscales. La partie lésée a le pouvoir de saisir elle-même de son action civile les juridictions répressives (art. 3, C. I. C.). Pour cela, elle dépose une plainte avec constitution de partie civile entre les mains du juge d'instruction, ou bien, sauf au grand criminel, elle cite directement le prévenu devant le tribunal compétent. Dans les deux cas, elle doit justifier d'un intérêt direct et actuel, c'est-à-dire d'un dommage matériel ou moral, par elle éprouvé, ayant sa cause directe dans le fait illicite, et se traduisant par la perte d'un droit auquel elle pouvait prétendre au moment où l'infraction a été consommée.

61. — La victime d'un manquement à la loi pénale peut être non seulement une personne physique, mais aussi une personne morale ; de sorte que l'action civile sera quelquefois exercée par des individus groupés.

Les syndicats professionnels se sont très souvent présentés en justice, par la constitution de partie civile ou par la citation directe pour demander la répression de faits, notamment de concurrence illicite, en matière pharmaceutique et médicale, et de fraudes commerciales et viticoles, afin d'obtenir la réparation du préjudice causé à la collectivité.

D'une manière générale, les tribunaux ont accueilli favorablement ces actions, et nous pouvons dire qu'à l'heure actuelle, l'intervention syndicale dans la répression est très avancée. La jurisprudence est d'ailleurs consacrée par les lois des 29 juin 1907 et du 5 août 1908 qui donnent lieu, comme nous le verrons, à des difficultés d'interprétation assez délicates.

SECTION I

RÉPRESSION DES FAITS A CONCURRENCE ILLICITE

62. — Il faut distinguer la concurrence illicite de la concurrence déloyale.

Dans les professions libres, parmi les divers éléments du patrimoine commercial, les uns sont protégés par des lois d'un caractère pénal (dessins de fabrique, marques, nom commercial), quant aux autres la propriété en est garantie d'une façon générale par une action civile en dommages-intérêts, qui peut être intentée à raison de tous agissements abusifs de nature à nuire aux droits du propriétaire et susceptibles d'engager la responsabilité de leur auteur, aux termes de l'article 1382. C. c. Cette action est communément désignée sous le nom d' « action en concurrence déloyale ».

Les faits dont nous allons étudier la répression sont tout autre chose.

Les professions monopolisées, qui ne peuvent pas être exercées par n'importe quelles personnes, mais demeurent uniquement accessibles à celles justifiant de certaines conditions de capacité, sont régies par des lois constitutives qui prévoient et punissent notamment l'exercice illégal et les fraudes. La concurrence illicite consistera dans les infractions à ces dispositions législatives dont l'effet primordial sera de rompre l'égalité devant exister entre les divers membres de ces professions.

Nous pouvons citer la loi du 21 germinal an XI sur la pharmacie, et celle du 30 novembre 1892 sur l'exercice de la médecine.

CHAPITRE I

LES SYNDICATS DE PHARMACIENS

63. — Depuis la promulgation de la loi du 21 mars 1884, le droit de poursuivre en justice l'exercice illégal de leur profession a été reconnu aux syndiçats de pharmaciens, d'une manière constante, par la jurisprudence.

Et, tout d'abord, les pharmaciens peuvent-ils en vertu de la loi de 1884 se former en syndicats professionnels ? Il est admis que les pharmaciens sont des commerçants (1). Ils rentrent donc dans les catégories énumérées par la loi de 1884. La Cour de Paris l'a décidé en termes formels dans son arrêt du 20 janvier 1886 (2).

64. — Quant au principe de la recevabilité de leur intervention, les décisions intervenues se fondent sur

(1) Grenoble, 28 mars 1859 — D. P. 59.2.70.
(2) D. P. 86.2.170.

l'existence d'un préjudice causé à l'intérêt général et collectif de la profession, par les actes d'exercice illégal qui conduisent une partie du public à acheter ailleurs que chez les pharmaciens les produits que ces derniers ont seuls le droit de vendre. Ces faits de concurrence illicite atteignent la plupart du temps certains membres du syndicat en particulier (l'officine voisine de celle où l'infraction est commise sera plus touchée que celle établie dans un quartier éloigné). Mais indépendamment de ces dommages individuels, la corporation tout entière est lésée dans ses droits.

65. — *a*). La jurisprudence a d'abord décidé qu'un syndicat de pharmaciens pouvait poursuivre des individus non pharmaciens pour la mise en vente de produits pharmaceutiques.

C'est ce qu'a jugé la Cour de cassation, arrêt du 7 novembre 1889, confirmant un jugement du Tribunal correctionnel de Rouen du 21 juin 1888 (1). Le syndicat des pharmaciens de Rouen se portait partie civile dans une poursuite pour exercice illégal de la pharmacie ; son intervention est accueillie « attendu que, bien que les lois sur la pharmacie aient été établies dans le but d'assurer des garanties à la santé publique et non dans l'intérêt des pharmaciens, elles ont directement pour effet d'empêcher une concurrence nuisible aux pharmaciens, légalement investis du droit d'exer-

(1) S. 91.1.556.

cer et que l'action qui appartient aux pharmaciens contre quiconque exerce illégalement la pharmacie peut être exercée par leur syndicat professionnel » (1).

Dans le même sens, un jugement du Tribunal correctionnel de Rouen du 17 décembre 1889, confirmé par la Cour de Lyon, 3 juin 1890 (2) :

« Attendu que le syndicat, constitué dans le but de défendre les intérêts professionnels a, aux termes de la loi de 84, art. 6, le droit d'ester en justice à la double condition que le syndicat ait été constitué en vue de l'intérêt général de la profession et que l'action exercée au nom du syndicat ait pour objet un intérêt général et collectif... Que si les dispositions légales qui régissent la pharmacie ont un but d'intérêt public, elles ont indirectement pour résultat d'empêcher les tiers de faire une concurrence illégitime aux pharmaciens établis qui se trouvent avoir intérêt à la répression de cette concurrence... Attendu que toute personne pouvant ester en justice et lésée par une infraction a droit d'en poursuivre la répression devant le Tribunal correctionnel. »

La Cour de Paris, dans un arrêt du 16 décembre 1891 (3), adopte cette solution. Ses considérants sont très nets en ce qui concerne le préjudice :

(1) Sic. Cour de Lyon, 8 mars 1888. D. 89.2.257. Cour de Paris, 20 janvier 1886, précité.

(2) D. 91.2.29.

(3) D. 93, 2, 400.

« Que l'objet de l'association est entr'autres de protéger l'exercice légal de la pharmacie contre les empiètements des professions étrangères. Qu'en effet, composée de commerçants investis d'un monopole légal, protégé par des sanctions pénales, elle a des intérêts commerciaux à défendre contre les entreprises qui seraient faites au détriment de ces droits. Que la défense méthodique et régulière de ces droits intéresse l'ensemble de la corporation, indépendamment des préjudices particuliers que pourraient éprouver certains de ses membres dans des circonstances déterminées. Que si une surveillance vigilante n'était pas exercée… sur les empiètements des personnes étrangères à la profession et si ces empiètements n'étaient pas réprimés, une partie notable du public serait bientôt conduite à se procurer ailleurs que chez les pharmaciens les produits qu'ils ont seuls le droit de vendre aux particuliers. Que chaque fait de concurrence illégitime tend à produire ce résultat et devient par cela même préjudiciable. Que la nécessité de sauvegarder des intérêts collectifs d'une telle importance suffit amplement pour autoriser cette société, agissant comme telle, soit à poursuivre directement les délinquants, soit à intervenir dans les poursuites exercées contre eux par le Ministère Public… Que sans doute l'évaluation d'un préjudice envisagé de cette manière peut présenter certaines difficultés, mais que ces difficultés ne sauraient être un obstacle légal à la recevabilité de l'intervention de la partie civile. »

Il serait difficile d'être plus explicite sur l'existence d'un préjudice certain causé à la collectivité par les actes d'exercice illégal de la pharmacie (1).

66. — *b*) La jurisprudence a également reconnu aux syndicats de pharmaciens le droit de poursuivre leurs membres pour mise en vente de substances médicamenteuses falsifiées.

La Cour de Cassation, Chambre criminelle, arrêt du 5 janvier 1894, (2) a reçu l'action syndicale formée dans ce but :

« Que la loi du 21 mars 1884 ne contient pas d'exception aux principes du droit commun qui régissent l'exercice de l'action civile et que, dès que le syndicat des pharmaciens de Bordeaux alléguait que B... avait causé un dommage à ses confrères par les faits délectueux à raison desquels il était poursuivi, l'action civile formée par le syndicat était recevable » (3).

Le jugement du tribunal correctionnel de Troyes (4) du 31 janvier 1894 se prononce nettement sur le droit d'un syndicat de pharmaciens de poursuivre ses propres membres : « Que le syndicat est chargé de protéger l'exercice légal de la pharmacie contre les empiète-

---

(1) Dans ce sens, *Trib. Correct. Seine*, 22 Novembre 1902, D, 1904, 2, 221.

(2) D. P. 98, 2, 129.

(3) V. *Conf. Grenoble*, 7 juillet 1892, S. 93, 2, 84.

(4) P. F. 94, 2, 214.

ments, non seulement des professions étrangères, mais aussi de ses propres membres... qu'il est donc bien fondé à intervenir dans l'instance, d'autant qu'on comprendrait difficilement que A... put, dans sa qualité de sociétaire, puiser le droit de violer impunément les lois et règlements de sa profession, alors que, par le fait de son adhésion aux statuts sociaux, il a expressément chargé le syndicat de veiller à leur observation ainsi qu'à la défense des intérêts professionnels communs. »

Indiquons, enfin, un arrêt de la Cour d'appel de Paris du 1er février 1908 (1).

Il infirme un jugement du Tribunal de Commerce de la Seine qui avait rejeté la demande du syndicat des pharmaciens de Paris et du département de la Seine contre un pharmacien employant dans son commerce la désignation « pharmacie coopérative ». Il considère que « cette épithète dont l'emploi fait naître l'idée d'un effort commun de tous les intéressés... ne saurait s'appliquer légalement à une officine de pharmacie dont l'exploitation n'est permise qu'aux personnes pourvues d'un diplôme spécial ; qu'ainsi l'action du syndicat tend à réprimer une violation au moins apparente de la loi organique de la pharmacie dont le respect intéresse au plus haut degré la collectivité de la corporation ; qu'il a donc agi, dans l'espèce, dans un intérêt collectif... »

(1) *Gazette des Tribunaux*, 1908, 3ᵉ sem. 2, 4o8.

CHAPITRE II

Syndicats de Médecins

67. — En ce qui concerne les médecins, la jurisprudence leur a refusé le droit de se constituer en syndicats professionnels. Il a fallu l'intervention du législateur qui, par la loi du 30 novembre 1892, leur a permis de former des syndicats.

En effet, le Cour de Cassation, dans un arrêt de la Chambre criminelle du 27 juin 1885 (1), estime que la loi de 1884 n'est pas applicable aux médecins, « qu'en déclarant que les médecins dont le nom n'a été pro-- noncé ni dans la loi, ni dans la discussion de la loi du 21 mars 1884, n'avaient pu régulièrement former un syndicat professionnel dans les termes de la dite loi, l'arrêt en a justement interprété les dispositions. »

68. — L'article 13 de la loi du 30 novembre 1892 leur reconnaît formellement le droit de se syndiquer : « à partir de l'application de la présente loi, les médecins, chirurgiens-dentistes et sages-femmes jouiront du droit de se constituer en associations syndicales dans les conditions de la loi du 21 mars 1884 pour la défense de leurs intérêts professionnels. »

(1) D.P., 86, 1, 137.

Et l'article 17, § 2 ajoute : « En ce qui concerne spécialement l'exercice illégal de la médecine, de l'art dentaire
ou de la pratique des accouchements, les médecins,
dentistes, sages-femmes, les associations de médecins
régulièrement constituées, les syndicats visés dans
l'article 13, pourront en saisir les tribunaux par voie de
citation directe donnée dans les termes de l'article 182
du Code d'Instruction criminelle, sans préjudice de la
faculté de se porter, s'il y a lieu, partie civile dans
toute poursuite de ces délits intentée par le ministère
public. »

69. — Ces principes n'ont soulevé aucune difficulté
dans leur application par la jurisprudence.

Le tribunal correctionnel de la Seine (1), dans son
jugement du 25 mai 1895, déclare qu'un syndicat de
médecins est recevable à agir contre une personne exerçant illégalement la médecine et peut obtenir des
dommages-intérêts.

De même, le tribunal correctionnel de Montbéliard,
jugement du 30 janvier 1896 (2). Les syndicats de chirurgiens-dentistes peuvent se porter parties civiles dans
les poursuites intentées par le ministère public contre
des personnes exerçant illégalement l'art dentaire.
Dans l'hypothèse que le tribunal avait à juger, il s'agissait d'un dentiste non muni de diplôme qui avait prati-
qué l'anesthésie sans l'assistance d'un docteur.

(1) D. P., 1896, 2, 189.
(2) D. P., 1896, 2, 168.

70. — *Appendice.* — Nous examinerons, en dernier lieu, un cas de concurrence qui s'est assez souvent présenté devant les tribunaux et peut-être rapproché de la concurrence que nous avons qualifiée d'illicite. C'est la violation par certains commerçants des règlements sur la police des chemins de fer par la vente au détail dans la gare destinataire du contenu de wagons-foudres.

Le Tribunal d'Oléron-Sainte-Marie, jugement du 10 décembre 1901 (1), sur la poursuite d'un syndicat de commerçants, condamne la Compagnie a 200 francs de dommages-intérêts envers l'association. Cette vente au détail porte un préjudice direct aux commerçants de la localité à laquelle était destiné le wagon foudre, en les privant de certains bénéfices. « Qu'aux termes de la loi du 21 mars 1885 les syndicats professionnels sont autorisés à ester en justice lorsque l'action par eux intentée a pour but la sauvegarde des intérêts inhérents à leur personnalité juridique ou tout au moins un intérêt de corporation général collectif... » Il reconnaît que dans l'espèce il y a eu violation de ce dernier.

En appel, la Cour de Pau, arrêt du 28 juillet 1902, estime que l'intérêt professionnel et général de l'association demanderesse a été lésé par les faits poursuivis.

La Cour de Poitiers, arrêt du 2 juin 1902 (2), statue sur une hypothèse analogue. Pour elle, la violation des règlements sur la police des chemins de fer porte pré-

(1) D. P. 1903.2.27.
(2) D. P. 1904.2.354.

judice à l'ensemble des négociants faisant partie du syndicat des commerçants de vins en gros des Deux-Sèvres, qui en poursuit la réparation. « L'action de la Chambre syndicale ne pourra certainement être repoussée lorsque l'atteinte prétendue serait portée aux conditions mêmes dans lesquelles se traitent les affaires de la corporation, de telle sorte qu'en supposant que le préjudice pour l'ensemble fut certain, il serait au contraire difficile à déterminer dans quelles mesures chacun des membres a pu en souffrir. »

La Cour de cassation, chambre criminelle, jugeant sur la question ci-dessous dans son arrêt du 18 janvier 1905 (1), reçoit purement et simplement l'action parce qu'elle a pour but non pas la défense d'intérêts purement individuels, mais la sauvegarde des intérêts professionnels de la collectivité.

71. — Si nous nous résumons, nous constatons, qu'en matière de concurrence illicite, la jurisprudence, appréciant les conditions dans lesquelles l'intervention syndicale doit être admise, prend pour fondement l'allégation et la preuve, par l'association, d'un préjudice résultant du fait incriminé à son intérêt général et professionnel. Nous n'avons pas remarqué, dans cette partie de notre étude, de divergences dans les différentes décisions. C'est que la concurrence illicite, telle que nous l'avons définie, a été considérée généralement comme portant

(1) P. F. 1905.1.284.

atteinte à l'intérêt commun et collectif et que les lésions d'intérêts particuliers qui pouvaient se produire et dont le syndicat demandait indirectement réparation, s'effaçaient devant l'intérêt de la profession tout entière, si bien qu'il n'y avait pas à considérer si le groupement pouvait agir alors même que des actions individuelles étaient ouvertes. C'est ce que fait ressortir l'arrêt de la Cour de Pau du 28 juillet 1902 précité. « Attendu que sans qu'il y ait lieu d'examiner la question de savoir si un syndicat est recevable à exercer une action que ses membres pourraient former individuellement encore bien qu'elle se rapporte à la profession commune, il est constant, en fait, que la demande formée (il s'agit d'un acte de concurrence illicite)... a pour but de donner satisfaction non point à des intérêts purement individuels, mais bien la défense de l'intérêt prefessionnel et général. »

SECTION II

Repression des Fraudes Commerciales et en particulier Viticoles.

72. — Les fraudes de toutes sortes constituent pour la sécurité, la santé publique, un danger extrêmement sérieux. Leur répression a, au point de vue social, une très grande importance. On ne peut que louer le législateur dont les préoccupations se sont tout particulièrement portées depuis une vingtaine d'années sur les falsifications de denrées alimentaires et les moyens de les enrayer.

73. — Depuis la loi du 14 août 1889 sur les fraudes, dans les ventes de vins, cidres et poirés, les dispositions législatives se sont accumulées, concernant les beurres (loi du 16 avril 1897), la saccharine (loi du 30 mars 1902), les sucres (loi du 30 janvier 1903). La loi du 1er août 1905, a édicté des mesures générales très sévères, son article 5, prévoit des cas de récidive entraînant des peines spéciales. Enfin la loi du 11 juillet 1906, relative à la protection de certaines conserves contre la fraude étrangère, et plus récemment, celles du 29 juin 1907, sur le mouillage et les abus du sucrage dans les vins, et du 5 août 1908, modifiant l'article 11 de la loi du 1er août 1905, ont complété nos armes contre la fraude.

C'est ainsi que, prévues et sanctionnées par la loi, les fraudes ont fait l'objet de recherches actives et de poursuites fréquentes de la part des auxiliaires du Ministère Public et des Parquets, de répressions rigoureuses de la part des tribunaux.

74. — Mais un des facteurs de nature à apporter dans la lutte le plus d'âpreté et le plus d'ardeur, c'est à n'en pas douter le groupemement syndical.

Les commerçants, les producteurs, unis, ressérés par
l'intérêt commun, dans le désir de soustraire leur profession aux atteintes matérielles et à la déconsidération,
conséquences nécessaires de la fraude, se sont joints
de bonne heure au Ministère Public, ou même ont usé
de la citation directe pour obtenir la répression des
faits si essentiellement nuisibles au bon fonctionnement
des relations commerciales. Il serait désirable que les
consommateurs eux-mêmes aient l'initiative de se
grouper en associations déclarées, et la faculté de
poursuivre eux aussi cette répression : il y va de leur
vie.

CHAPITRE I

L'ACTION SYNDICALE AVANT LA LOI DU 29 JUIN 1907

75. — Les syndicats professionnels n'ont pas attendu que les lois spéciales sur les fraudes les autorisent formellement à agir en justice pour la sauvegarde
des intérêts généraux de leur collectivité. Ils ont trouvé
directement la source et le principe de leur intervention dans la loi du 21 mars 1884.

Ainsi légitimée, l'action syndicale a été admise d'une
façon très large par la jurisprudence.

I. — Courant jurisprudentiel restrictif.

76. — Cette tendance, d'ailleurs très faible, est caractérisée par deux arrêts : l'un de la Cour de Bordeaux, l'autre de la Cour de Paris.

L'Association syndicale des propriétaires viticulteurs de la Gironde s'était portée partie civile dans une poursuite exercée par le Ministère public devant le Tribunal correctionnel de Bordeaux contre quelques négociants de cette ville, pour mise en vente de vin mouillé.

Le Tribunal, par jugement du 5 février 1897 (1), admit la fin de non-recevoir opposée à la partie civile pour défaut d'intérêt. Il faisait le raisonnement suivant :

La partie lésée doit justifier d'un intérêt direct et actuel à la répression des faits incriminés.

Dans l'espèce, les vins falsifiés sont de provenance inconnue ou étrangère, et ils ne sont pas mis en vente comme provenant de la Gironde, par conséquent, pas de préjudice aux membres du Syndicat. Quant aux intérêts de la viticulture en général : ils sont trop éloignés et trop indirects et se confondent avec l'intérêt social dont la défense est confiée au Ministère public.

(1) D. P. 1898, 2, 139.

« Que la faculté de se porter partie civile devant le Tribunal correctionnel étant limitée par l'art. 2, C. I. C., à ceux qui ont souffert du dommage causé par le délit objet de la prévention, les syndicats sont soumis à cette limitation. Que le dommage qui légitime pareille action doit résulter de l'infraction punissable prise dans son unité... Qu'il s'agit là d'un dommage consistant en lésion appréciable, directe et actuelle fait soit à la personne soit au patrimoine matériel ou moral. — Qu'il n'y sert de rien... d'avoir à la punition un intérêt éloigné et indirect. Qu'à plus forte raison il n'y suffit pas d'un intérêt qui, par sa division, arrive à se confondre avec l'intérêt social. »

La Cour de Bordeaux, arrêt du 4 juin 1897, confirme ce jugement :

« Attendu qu'il y a lieu de rechercher si l'expédition et la mise en vente de vins mouillés... ont lésé personnellement l'Association syndicale et si, ayant un intérêt direct à la répression de ce délit, elle a droit à une réparation. »

La Cour décompose la question. D'abord, les intérêts individuels des membres de l'Association ont-ils été lésés ? Sa réponse est négative.

« Qu'en effet les prévenus ont été renvoyés en police correctionnelle pour avoir mis dans le commerce des vins mouillés de provenance inconnue pour partie et l'autre d'origine espagnole. Qu'il ne leur est pas reproché d'avoir, par des moyens quelconques, tenté de

persuader que ces vins provenaient des chaix des membres du Syndicat ou avaient même été faits avec du
raisin récolté dans le département de la Gironde. »

Quant à la défense des intérêts professionnels communs à tous les viticulteurs français, dont se réclamait
le Syndicat des viticulteurs de la Gironde pour agir, la
Cour, approuvant l'argumentatiou du tribunal, déclare
que cet intérêt est trop vague pour justifier son intervention. Elle ajoute que, recevoir l'action syndicale
dans ces conditions serait permettre à toutes les associations d'une même profession d'intervenir dans une
même poursuite (1).

L'arrêt de la Cour de Paris du 11 janvier 1907 (2),
malgré l'intensité du courant libéral dominant en jurisprudence, rejette l'intervention comme partie civile du
syndicat national de la viticutture française dans une
affaire de mouillage de vins par un débitant parisien.

Une remarque est nécessaire : la Cour de Paris,
comme l'avait fait d'ailleurs l'arrêt de la Cour de Bordeaux précité, réserve le cas où le syndicat formé entre
viticulteurs d'une région déterminée se plaint « d'une
dépréciation causée par une fausse indication de provenance ou par une fraude aux produits de cette région. »
Elle est donc d'accord avec deux arrêts de la Cour de

(1) Dans le même sens, Tribunal correctionnel de la Seine, 11 avril
1906. *Gaz. des Trib.*, 1906, 2, 266.

(2) D. P. 1908, 2, 101.

Cassation de 1889 et de 1892 que nous citerons plus loin et qui statuent sur des cas de ce genre. Mais elle n'admet pas qu'un syndicat de viticulteurs « spécialement créé pour la recherche et la répression des fraudes commises dans le commerce des vins » ait « par le seul fait de son titre le droit d'intervenir dans toutes les poursuites relatives à la mise en vente de vin falsifié. » En effet, la faculté de se porter partie civile ne peut être reconnue aux syndicats que pour les infractions pénales « qui, au moment où elles se commettaient, ont causé directement une lésion aux intérêts collectifs qu'il représente... que sans doute l'opération du mouillage des vins est contraire aux intérêts généraux de la viticulture française, mais que, malgré son titre, le syndicat qui se présente dans la cause comme partie civile ne compte pas parmi ses membres tous les viticulteurs français, et qu'il n'en comprend qu'un nombre relativement restreint. Que, dans ces conditions, il n'est nullement démontré que l'infraction dont il s'agit ait causé, soit en amenant une baisse sur le prix de vente des vins, soit par tout autre motif, un préjudice quelconque aux intérêts représentés par ce syndicat. » L'arrêt reproduit ensuite l'argument tiré de la multiplicité possible des interventions syndicales dans une même poursuite et pense que, par ce fait, les dommages-intérêts à fournir seront hors de proportion avec l'infraction commise.

En somme, la Cour de Paris refuse à un syndicat formé pour la protection de la viticulture en général, le droit d'intervenir dans la répression des fraudes de tous les vins. Mais est-ce bien, comme il pourrait paraître résulter d'un examen superficiel de l'arrêt, parce que tous les viticulteurs français ne sont pas membres du syndicat que l'intervention est rejetée? Non : il est, en effet, impossible matériellement qu'un syndicat comprenne tous les membres d'une même profession, entraîne l'adhésion de tous les viticulteurs non seulement d'un pays, mais encore d'une région. Elle a voulu dire qu'un syndicat d'une aussi vaste envergure que le demandeur, agissant dans l'intérêt commun de la viticulture française, en vue de la répression des fraudes, pour la sauvegarde d'une branche de l'intérêt général, n'était pas d'une part directement lésé dans la personne de ses membres par les faits objet de la poursuite ; que d'autre part, l'intérêt collectif qu'il représentait était trop vague pour donner lieu à une intervention syndicale dans l'action publique.

Cet arrêt a été accueilli, à juste titre, avec une certaine inquiétude dans le monde viticole. A ce sujet, M. Moye, professeur à la faculté de droit de Montpellier, écrivait dans le *Progrès Viticole* de cette ville, numéro du 24 mars 1907 : « les syndicats agricoles doivent avoir grand soin de s'abstenir de prendre en main la défense du bien public ; ils doivent toujours pouvoir produire quelque membre souffrant personnellement un dommage, par exemple, un viticulteur d'une région dont on a dénaturé la qualité des produits ou un négociant dont le commerce est frappé de discrédit par les agissements d'un fraudeur » (1).

II. — Courant Jurisprudentiel Libéral

77. — La tendance libérale de la jurisprudence sur la recevabilité de l'action syndicale en matière répressive, se manifeste en premier lieu par deux arrêts de la Cour de Cassation, Chambre criminelle du 26 juillet 1889 (2) et du 21 juillet 1892 (3).

L'arrêt de 1889 est rendu dans une affaire de fausse indication de provenance. Un négociant d'Anjou fabrique des vins à Saumur. Il les expédie et les livre au commerce dans des bouteilles portant, sur l'étiquette, la désignation Champagne et sur le bouchon le mot Epernay. La Cour déclare que le Syndicat du commerce des vins de Champagne est directement intéressé à la protection du nom générique de provenance et que l'intérêt pour lequel il se présente à la justice « est général, absolument distinct de l'intérêt individuel que peut avoir un négociant champenois à se plaindre de la contrefaçon de sa marque. »

(1) Cité par M. Laborde, professeur à la Faculté de Droit de Montpellier. De la *Poursuite des délits par les Associations*, dans le *Traité d'Instruction criminelle* de M. Garraud. Lois nouvelles 1907, première partie, p. 295 et s.

(2) D. P. 90, 1, 239,

(3) D. P. 1892, 1, 397.

L'arrêt de 1892 statue sur des faits de tromperie sur la nature de la marchandise vendue par la contrefaçon d'une marque d'eaux minérales, il admet l'intervention comme partie civile du Syndicat des propriétaires et concessionnaires d'eaux minérales.

Sans doute, dans ces deux cas, il y a un préjudice direct et pour ainsi dire palpable aux intérêts de la plupart ou de certains des membres du syndicat poursuivant. La Cour de Paris, dans son arrêt du 11 janvier 1907, indique, nous l'avons vu, qu'elle n'entend pas se détacher de la solution adoptée par ces arrêts.

78. — Mais la jurisprudence n'a pas tardé à recevoir l'action qu'elle repoussait, ainsi que la Cour de Bordeaux.

Sans entrer dans le détail des décisions secondaires, nécessairement fastidieux, nous trouvons l'arrêt de la Cour de Cassation du 1ᵉʳ mars 1906 (1) :

Le Syndicat national de la viticulture française s'était porté partie civile dans une affaire de falsification de vins. La Cour de Nîmes, arrêt du 30 juin 1905, recevait le syndicat intervenant et condamnait les prévenus à des dommages-intérêts. Elle prenait comme principe de la recevabilité l'existence d'un dommage causé aux viticulteurs honnêtes par les faits de fraude.

Sur le pourvoi formé, la Cour de Cassation, arrêt du 1ᵉʳ mars 1906, confirma cette décision. « Attendu qu'a-

(1) P. F. 1906. 1, 229.

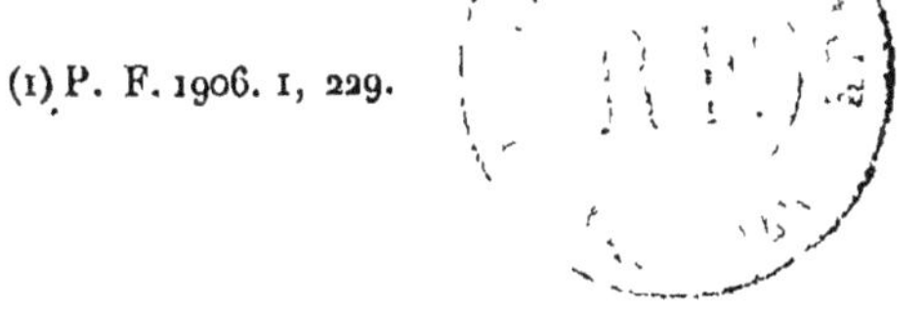

près avoir constaté la fabrication frauduleuse des vins artificiels... et la falsification de ces vins... l'arrêt déclare que ces opérations illicites ont fait éprouver un dommage certain aux viticulteurs honnêtes. Attendu que cette affimation s'applique manifestement, dans la pensée de la Cour d'Appel, aux membres du syndicat partie civile dans l'instance, que cette constatation suffit pour justifier la condamnation à des dommages intérêts, prononcée au profit du syndicat » (1).

Ainsi, contrairement aux solutions adoptées par la Cour de Bordeaux et de Paris, la Cour de Cassation estimait que les fraudes commises dans la production ou la vente des vins, atteignant les intérêts de tous les viticulteurs honnêtes, causaient à la collectivité représentée par une association telle que le Syndicat national de la viticulture française un préjudice suffisamment direct pour légitimer son intervention dans l'action publique et l'allocation de dommages-intérêts.

La Cour de Nimes, dans un arrêt du 18 janvier 1907 (2), s'exprime encore catégoriquement sur ce préjudice causé aux intérêts collectifs de la profession. C'est toujours le Syndicat national de la Viticulture française qui s'est constitué partie civile dans des pour-

____

(1) Dans ce sens : trib. correct. de Montpellier, 18 mai 1904 ; *Revue Vinicole*, 16 juin 1904 ; de Nimes, 14 août 1904, *Revue Vinicole*, 1ᵉʳ septembre 1904 ; de Narbonne, 21 juillet et 19 novembre 1905 ; de Nimes, 29 et 30 juin 1905.

(2) *Gaz. des trib.*, 1907, 1.2.285.

suites contre certains fraudeurs. « Qu'il est certain que les intérêts professionnels et collectifs dont le susdit syndicat s'est constitué défenseur, sont directement lésés par le système de fraudes auquel les prévenus ont participé. »

Ce considérant dispense de tout commentaire.

79. — Nous arrivons à l'arrêt de la Cour de cassation du 27 juillet 1907 (1) qu'il faut considérer comme l'épanouissement du mouvement libéral en faveur de l'action des syndicats professionnels. Il a été rendu un mois après la promulgation de la loi du 29 juin 1907. Et quoique cette dernière ait un caractère interprétatif (nous reviendrons sur ce point), il ne vise pas ce texte dans ses motifs, mais prend comme base unique la loi de 1884, ce qui lui donne une portée considérable. S'il s'était appuyé sur la loi du 29 juin 1907, qui ne vise que les syndicats viticoles, ses conséquences interprétatives auraient été restreintes à ces derniers. Statuant en application de la loi générale de 84, sa décision ne s'applique plus seulement à une catégorie de syndicats, les associations de viticulteurs, mais à tous. (Aujourd'hui, la loi du 5 août 1908, étend à la majeure partie des syndicats les dispositions de la loi de 1907).

Le Syndicat national de la Viticulture française s'est porté partie civile dans une poursuite de fraudes viticoles. La Cour dispose « qu'il résulte de la combinaison

(1) D. P. 1909.1.129.

des articles 3 et 6 de la loi du 21 mars 1884 et des articles 1 et 2 du Code d'instruction criminelle, qu'un syndicat professionnel, régulièrement constitué en vertu de la loi du 21 mars 1884, pour la défense des intérêts viticoles, a le droit de se porter partie civile dans les poursuites du Ministère public contre les délits de falsification et de mouillage de vins préjudiciables aux intérêts collectifs du syndicat, et d'exercer l'action syndicale en réparation du dommage éprouvé par la collectivité qu'il représente ; que pour former une collectivité d'intérêts viticoles, au sens de la loi du 21 mars 1884, il n'est pas nécessaire d'obtenir l'adhésion de l'ensemble ou de la plus grande partie des viticulteurs... »

C'est absolument la réfutation et le renversement de l'arrêt de la Cour de Paris du 11 janvier 1907. La Cour de cassation déclare formellement, et il ne peut pas y avoir de doute à ce sujet, qu'une fraude dans le commerce des vins cause un préjudice direct à un syndicat dont l'intérêt collectif est la défense générale de la viticulture française.

80. — Il suffira donc, après cette interprétation, pour qu'un syndicat soit admis à intervenir dans la répression, qu'il justifie d'un dommage aux intérêts collectifs de la profession qu'il représente, la juridiction à laquelle il s'adressera ne pourra plus lui objecter qu'en fait lui-même n'a pas été atteint par la fraude (1).

(1) Sic. Cassation, 20 décembre 1907. *Gaz. pal.*, 22 janvier 1908.

Tel est le point d'arrivée de la jurisprudence. Uniquement par l'interprétation de la loi du 21 mars 1884, l'action d'un syndicat sera recevable quand le fait incriminé aura préjudicié aux intérêts généraux de sa profession. Et après la constatation de ce dommage, le juge saisi devra admettre, sous peine d'être taxé de contradiction avec lui-même, que l'association demanderesse a subi en réalité une lésion.

CHAPITRE II

LES LOIS DU 29 JUIN 1907 ET DU 5 AOUT 1908. — LEUR INTERPRÉTATION ; LEUR PORTÉE.

81.— L'intervention syndicale, en matière répressive, a été renforcée, durant ces dernières années, par deux documents législatifs, dont l'interprétation et la portée sont loin d'être encore définies.

Les troubles provoqués, vers le début de 1907, dans le midi de la France, par la crise viticole sévissant avec une cruelle intensité, appelèrent l'attention du législateur. Les populations agricoles, à tort ou à raison, trouvaient dans la fraude la principale source de leurs misères. Il fallait, de toute nécessité, une loi pour apporter l'appaisement.

Ainsi fut promulguée la loi du 29 juin 1907, tendant

à prévenir le mouillage des vins et les abus du sucrage. Elle prend diverses mesures relatives aux falsifications des vins. Au sujet de la poursuite, son art. 9 est ainsi conçu :

« Tous syndicats formés conformément à la loi du 21 mars 1884, pour la défense des intérêts généraux de l'agriculture ou de la viticulture, ou du commerce et trafic des vins, pourront exercer sur tout le territoire de la France et des colonies les droits reconnus à la partie civile par les articles 182, 63. 64, 66, 67 et 68 du Code d'instruction criminelle, relativement aux faits de fraudes et falsifications des vins prévus par les lois des 14 août 1889, 11 juillet 1891, 24 juillet 1894, 6 avril 1897, 1er août 1905, 6 août 1905 et par la présente loi, ou recourir, s'ils le préfèrent, à l'action ordinaire, devant le Tribunal civil en vertu des articles 1382 et suivants du Code civil. »

82. — La loi du 5 août 1908, amplifie les dispositions de la loi de 1907. Son article 2 est rédigé dans les mêmes termes que l'article 9 ci-dessus :

« Tous syndicats, formés conformément à la loi du 21 mars 1884 pour la défense des intérêts généraux de l'agriculture ou de la viticulture ou du commerce et trafic des boissons, eaux-de-vie naturelles, alcools de fruits, denrées alimentaires, produits agricoles, engrais, produits médicamenteux, marchandises quelconques, pourront exercer sur tout le territoire de la France et des colonies, les droits reconnus à la partie civile par les articles 182, 63, 64, 66, 67 et 68 du Code d'Instruction criminelle, relativement aux faits de fraudes et falsifications prévus par les lois en vigueur, ou recourir s'ils le préfèrent à l'action ordinaire devant le Tribunal civil, en vertu des articles 1382 et suivants du Code civil. »

Il embrasse dans la généralité de son énumération (marchandises quelconques) toutes les formes de l'activité industrielle et commerciale.

83. — Quelles sont les conséquences pratiques de ces deux textes ?

Nos explications porteront uniquement sur l'article 9 de la loi du 29 juin 1907, la loi du 5 août 1908, n'ayant pas fait autre chose que d'étendre ses dispositions à d'autres groupements.

D'après l'interprétation de la loi du 21 mars 1884, les syndicats professionnels interviennent dans la poursuite des fraudes à la seule condition de justifier d'un préjudice aux intérêts collectifs de la profession qu'ils représentent. La loi de 1907 entend-elle consacrer cet état de la jurisprudence pour lui donner plus de stabilité, ou bien a-t-elle voulu créer une situation nouvelle ? A-t-elle maintenu et exige-t-elle toujours la justification de ce préjudice, ou bien, a-t-elle entendu faire un pas en avant, en déclarant que, par le seul fait de la fraude, existait nécessairement, à priori, un préjudice à la profession ? Qu'un tribunal statuant sur des actes de fraude dans le commerce ou la fabrication des vins devait, de plano, recevoir l'action du syndicat viticole intervenant, sans pouvoir lui objecter autre chose que l'inexistence des faits incriminés ?

84. — L'article 9 ne donne qu'obscurément la solution du problême, c'est une disposition de circonstance rédigée à la hâte par les Chambres, dont l'ambiguité a donné lieu à des solutions diverses.

I

85. — Suivant un premier système, la loi de 1907 n'a fait que consacrer l'état antérieur des choses. Après comme avant sa promulgation, les syndicats doivent rapporter la preuve d'un préjudice direct et actuel à leur profession. En effet, dit-on, il n'existe rien dans la loi nouvelle qui marque l'intention de donner aux syndicats des pouvoirs plus larges que ceux que lui reconnaissait au paravant la jurisprudence.

L'article 9 déclare que les syndicats visés pourront exercer les droits reconnus à la partie civile par le code d'instruction criminelle. C'est qu'il a voulu préciser, délimiter en quelque sorte, l'action syndicale, puisque la partie lésée doit toujours justifier d'un intérêt direct et actuel à la poursuite.

Telle est l'opinion soutenue par MM. Monier, Ches-

nay et Roux dans leur traité sur les fraudes et falsifications.

On fait valoir également, à l'appui de cette thèse,
l'étrangeté de la situation d'une partie civile, dont le
but est d'obtenir la réparation d'un dommage, et qui est
dispensée de prouver cette lésion elle-même.

De plus, dit-on, tous les syndicats d'une même profession vont accourir de toutes les régions de la France,
affluer à l'audience, et crier : haro sur le fraudeur ! Ils
réclameront des dommages-intérèts, ceux-ci ne pourront être refusés, et, par l'invariabilité de leur obtention, prendront le caractère d'une amende, par leur
nombre celui d'une réparation hors de mesure avec le
préjudice causé.

II

86. — D'après un second système que nous adoptons, les lois de 1907 et 1908 ont entendu accorder aux
syndicats visés des pouvoirs plus larges que ceux dont
ils jouissaient jusqu'alors.

Nous pensons que ces textes donnent comme auxiliaires au Ministère public, dans la poursuite de certains
délits, des associations déterminées, notamment celles
qui sont formées pour la protection des professions
dans lesquelles les fraudes ont été commises.

Les syndicats visés jouissent donc d'une situation pri-
vilégiée. Ils n'ont plus, comme sous l'empire de l'an-

cienne jurisprudence, à prouver un préjudice subi ; leur action doit être accueillie sans réserve par les tribunaux. « La fraude établie, le préjudice existe ; voilà la réforme. » Ainsi s'exprime très nettement M. Toubeau (1). M. Laborde, professeur à la Faculté de Droit de Montpellier, avait d'ailleurs soutenu catégoriquement cette thèse (2).

« Qu'on n'aille pas prétendre que les syndicats de viticulteurs sont intéressés à la répression des fraudes de tous les vins... L'article 9 permet cependant de poursuivre. C'est donc bien un droit spécial et privilégié que cet article accorde, par dérogation au droit commun, aux syndicats qu'il vise. »

87. — Un syndicat du Médoc peut-il se dire directement intéressé à la répression d'une fraude commise dans les vins de Champagne ? Sans doute, il y a, au point de vue de l'intérêt général, préjudice causé à l'ensemble du commerce des vins dont fait partie ledit syndicat ; mais c'est là peu de chose et il ne faut pas y chercher l'intérêt direct et actuel qu'exige la loi de la part de toute partie civile en cause. Au point de vue du droit criminel, « presque rien équivaut à rien. » Sans

(1) *Lois nouvelles*, 1908, 2ᵉ partie, p. 123 : « L'action en justice des syndicats professionnels, en vue de la répression des fraudes. »

(2) « De la poursuite des fraudes et falsifications des vins par certaines associations, d'après la loi du 29 juin 1907. » *Lois nouvelles*, 1907, p. 417. »

vouloir critiquer les décisions jurisprudentielles, certes inspirées d'un esprit louable de libéralisme, qui ont admis l'intervention dans l'action publique de syndicats intéressés d'une façon indirecte à la fraude poursuivie, nous devons déclarer qu'en toute rigueur, les syndicats professionnels, suivant les règles du droit commun de l'action civile, devaient justifier d'un intérêt direct, précis et tangible, soit à leurs membres pris individuellement, soit aux intérêts collectifs du groupe, et non d'un intérêt vague, indirect, se confondant avec l'intérêt général.

88. — Si donc la loi de 1907, article 9, donne à tous les syndicats formés pour la défense de la viticulture, quelle que soit leur région et l'étendue de leur influence, le droit de se porter parties civiles dans la poursuite des fraudes de tous les vins, dans toutes les régions ; c'est évidemment qu'elle a entendu créer un état nouveau, que son but a été de sortir du droit commun.

89. — Nous trouvons encore une confirmation de notre théorie dans la disposition finale de l'article 9 de la loi du 29 juin 1907. Les syndicats professionnels peuvent « recourir, s'ils le préfèrent, à l'action ordinaire devant le tribunal civil en vertu des articles 1382 et suivants du Code civil. »

Que faut-il entendre par là ? Que signifient ces mots « action ordinaire » que le langage juridique ignore ?

Le législateur envisage-t-il l'action civile en dommages-
intérêts, exercée devant les tribunaux civils en vertu
de l'article 1382, C. c., pour la réparation du délit
civil ?

Mais le recours qu'exerce le syndicat devant l'une
ou l'autre de ces juridictions, est toujours l'action
civile née du délit, et elle conserve sa nature quel que
soit le tribunal saisi, civil ou correctionnel. Sa prescription reste la même ; c'est la prescription de l'action
pénale.

Quant à l'action de l'article 1382, C. c., elle se prescrit par 30 ans.

Pourquoi la loi de 1907 créerait-elle ce changement
de nature par le seul fait que la juridiction qui statue
n'est pas la même, le principe de l'action restant identique ? Il n'y a aucune raison à cela.

Pour saisir la signification de ce dernier alinéa, il faut
le rapprocher du début de l'article 9. Dans sa première
partie, l'article sus-visé envisage le cas où l'association
porte sa demande devant le tribunal correctionnel, et,
dans ce cas, il fait bénéficier l'association d'un privilège, son intervention est recevable, sans justification
de préjudice de sa part.

Dans le dernier alinéa, la loi oppose à l'action intentée devant le tribunal correctionnel, la poursuite devant
le tribunal civil, mais alors, elle retire son privilège
et fait rentrer l'action collective dans le droit commun :
elle exige pour sa recevabilité la justification d'un

dommage subi par quelques membres individuellement ou par la collectivité elle-même — moyennant quoi, une condamnation à des dommages-intérêts pourra être prononcée en sa faveur.

Telle est la thèse soutenue par M. Laborde (1). « L'adjectif ordinaire, le renvoi à l'article 1382 du Code civil, marquent le retour au droit commun. Mais ce n'est pas l'action qui est ordinaire, ce sont les conditions de son exercice. Ce n'est pas non plus l'action en dommages-intérêts fondée sur le délit civil qui remplace l'action civile ; mais c'est l'action civile fondée sur le préjudice éprouvé et entraînant, par suite, une condamnation à des dommages-intérêts. »

Le sens de cet alinéa fixe, selon nous, par opposition, la portée de la première partie de l'article, qui est conforme à notre solution. En effet, si l'action civile portée devant la juridiction pénale entraînait, d'après la loi de 1907, la preuve d'un préjudice quelconque, que signifierait ce deuxième alinéa que nous venons d'interpréter ? Absolument rien : il serait totalement incompréhensible.

III

90. — Le plus grave reproche que l'on puisse faire à notre système est de favoriser la multiplicité des

(1) *Lois nouvelles* 1907. Op. cit.

interventions dans une même poursuite, et, la condamnation à des dommages-intérèts s'imposant au tribunal, de rendre ainsi exagérée la réparation de la faute commise.

91. — A ceci, on peut opposer deux remarques d'une importance capitale et qui réduisent l'objection à néant. C'est d'abord la tendance générale et de plus en plus marquée chez les syndicats de se grouper entre eux, de former des fédérations où unions de syndicats qui font tendre, pour ainsi dire, vers l'unité, le nombre des interventions possible dans une poursuite de fraude déterminée.

92. — On nous objecte alors que les unions de syndicats n'ont pas les droits que les lois de 1907 et 1908 reconnaissent aux syndicats, que ces dispositions législatives visent uniquement. On donne comme base à cette prétention un incident survenu dans la discussion de la loi du 20 juin 1907, la chùte de l'amendement Castelnau, attribuant aux unions de syndicats les mêmes droits qu'à ces derniers.

Au cours de la séance du 22 juin 1907, M. Castelnau proposa d'ajouter aux mots « tous syndicats formés conformément à la loi du 21 mars 1884... », l'énumération suivante : « toutes autres associations ou unions d'associations à existence légale, formées pour la sauvegarde et la défense des intérêts de la consommation et de l'hygiène et généralement toute personne, acheteur, consommateur ou producteur justifiant d'un intérêt né et actuel. »

Mais cette proposition ne fit l'objet d'aucune discussion, et devant l'urgence d'une solution à donner à la crise viticole du midi, ses auteurs la retirèrent purement et simplement.

L'amendement (sur lequel nous aurons à revenir dans notre 2ᵉ partie) est d'ailleurs en lui-même sujet à de nombreuses critiques. Il est extrêmement défectueux, et ses rédacteurs ont, très probablement, mal exprimé leur pensée. Pourquoi ces termes « justifiant d'un intérêt né et actuel ? » De deux choses l'une : ou bien la loi de 1907 n'ajoute rien à la situation antérieure de l'action syndicale, et cette restriction est inutile puisque les principes de l'action civile auxquels se réfère l'article 9 plus loin sont suffisants pour la règlementation de son exercice ; ou bien la loi de 1907 a créé un état nouveau et ces termes de l'amendement créent avec la suite de l'article 9 une réelle antinomie.

De plus, on comprend avec peine, qu'animés véritablement d'intentions libérales, puisqu'ils étendent la loi de 1907 aux associations et unions d'associations, les rédacteurs de la proposition aient voulu détruire, par ces mots, tout le fruit de leur œuvre.

Sans insister davantage, disons seulement qu'il est étrange de refuser à des unions de syndicats le droit de défense des intérêts professionnels, car si la loi du 21 mars 1884 leur refuse le droit d'ester en justice, la loi du 1er juillet 1901 leur reconnaît formellement cette faculté, en tant qu'associations déclarées (1).

93.— En second lieu, on peut répondre à l'argument basé sur la multiplicité possible des interventions syndicales : Que ces corporations, agissant en justice par la voie de la citation directe ou de la constitution de partie civile, ont plutôt en vue une réparation purement morale, une satisfaction essentiellement platonique, que leur but dominant et primordial est la répression pénale de la fraude. Ainsi des dommages-intérêts leur seront souvent accordés par pure forme, c'est-à-dire qu'ils ne dépasseront pas le taux de 1 franc. Le fraudeur supportera principalement le fardeau des dépens.

C'est là en réalité la seule charge lourde qui pourrait devenir disproportionnée à la faute, par l'effet d'interventions simultanées. Nous avons vu qu'avec les unions de syndicats cet inconvénient disparaît d'une façon absolue, et nous avons fait remarquer que le mouvement fédératif syndical, la tendance aux grandes unions est actuellement la caractéristique de l'action des collectivités.

(1) Sur la question de savoir si les lois de 1907 et 1908 doivent être étendues à ces associations. Voir 2ᵉ partie.

94. — La loi du 29 juin 1907 ne s'appliquait qu'aux syndicats formés pour la défense de la viticulture ou du commerce et trafic des vins et de l'agriculture en général, la loi du 5 août 1908, dans la généralité de ses termes, rend, pour ainsi dire, illimitée l'activité syndicale en matière de fraudes et falsifications ; elle emploie en effet l'expression « marchandises quelconques ». Qu'est-ce à dire, sinon que toutes les fraudes du commerce et de l'industrie en général, danger croissant de jour en jour pour la société, qui provoque si souvent des scandales soulevant l'indignation de l'opinion publique, seront désormais le terrain où va s'exercer l'activité syndicale.

IV

95. — En appliquant notre solution, il ne faudrait pas croire cependant que l'action syndicale soit totalement dépourvue de conditions de recevabilité.

Tout d'abord le syndicat intervenant doit être compris dans les termes des lois de 1907 ou 1908. Mais un syndicat créé pour la défense d'une profession déterminée peut-il se porter partie civile dans la poursuite des fraudes commises dans des professions quelconques ?

Avec la loi de 1907, la question ne se posait pas puisqu'elle ne visait que les groupements de viticulteurs, ou tout au moins des associations constituées pour la protection de professions étroitement liées entre elles par une forte connexité.

La loi de 1908 fait naître la question. Elle garde à ce sujet le mutisme le plus complet. Il suffira pour la résoudre de considérer que la disposition nouvelle ne fait qu'étendre à d'autres professions le privilège concédé par la loi de 1907 à certaines associations ; qu'elle ne peut par conséquent leur donner plus de droits que cette dernière (1).

Le syndicat intervenant aura donc à prouver : qu'il est constitué pour la défense de la profession dans laquelle la fraude a été consommée et que cette profession rentre dans le cadre des dispositions législatives précitées. Quant aux syndicats non visés, ils resteront dans le droit commun et devront justifier, s'ils veulent agir, d'un intérêt direct et actuel à la répression.

96. — Comme nous l'avons comprise, l'action des collectivités syndicales, en vertu des lois du 29 juin 1907 et du 5 août 1908, devient, selon l'expression de M. Ricard, « une arme nouvelle et puissante », et nous pouvons dire avec M. Garraud (2) : « Il faut saluer et encourager le développement de cette accusation professionnelle, et souhaiter que les syndicats aient la sagesse

---

(1) En ce sens : Toubeau, op. cit. Lois nouvelles 1908.

(2) *Traité d'Instruction criminelle et de procédure pénale*, t. i. p. 265.

d'employer à cette œuvre d'assainissement la force que leur donne la loi. »

CHAPITRE III

La Jurisprudence et les Lois du 29 Juin 1907 et du 5 Aout 1908.

97. — Remarquons tout d'abord que ces deux textes ont un caractère interprétatif. Ce point ne fait pas l'ombre d'un doute. Il a été, en effet, déclaré au Sénat, par le président de la Commission, que l'article 9 de la loi du 29 juin 1907 avait « un caractère non pas de disposition législative propre, mais d'interprétation » (1). Il en est de même de l'article 3 de la loi du 5 août 1908 qui n'a fait qu'étendre les dispositions du premier texte.

98. — Ces lois ont donc un effet rétroactif, c'est-à-dire que toutes les actions pendantes avant leur promulgation et formées par des syndicats visés par elles doivent bénéficier de leur application.

Ce qui est regrettable, c'est que la grande majorité des décisions rapportées jusqu'à ce jour dans les recueils jurisprudentiels ne visent ni la loi de 1907, ni

(1) Sénat, séance du 28 juin 1907. *Jour. Off.* du 29. p. 820, 821.

celle de 1908, bien qu'elles aient été rendues après la promulgation soit de l'une, soit de l'autre.

Dès à présent, nous pouvons faire sur cette jurisprudence une remarque générale. Elle exige, sans exception, contrairement à notre interprétation de ces textes, la preuve, de la part des syndicats intervenant, d'un intérêt direct et actuel.

I. Décisions ne visant pas les Lois nouvelles

99. — La Cour d'Assises du Gard, arrêt du 4 novembre 1908 (1), statue dans ce sens. Le Syndicat national de la Viticulture s'était porté partie civile dans une poursuite de fraudes contre les sieurs Berthé-Boivin : « Attendu, en droit, qu'un syndicat peut au même titre qu'un simple particulier se porter partie civile dans une poursuite criminelle ou correctionnelle, lorsqu'il ustifie d'un intérêt direct et d'un préjudice possible : que, dans l'espèce, cet intérêt direct et l'éventualité de ce préjudice ne sauraient être contestés... que de tels agissements auraient eu certainement pour résultat de jeter le trouble sur le marché des vins, de discréditer cette marchandise, d'amener une baisse de prix dans la vente et de détourner le consommateur de ce produit. Attendu que les fraudes imputées à Berthé-Boivin auraient, si elles étaient établies, contribué plus spéciale-

____
(1) D. P. 1909, 2, 215.

ment à avilir le prix du vin du midi (fraudes commises à Aigues-mortes), à les discréditer sur le marché national et à occasionner ainsi un dommage certain à un certain nombre de membres du syndicat qui appartiennent à la région du midi. Attendu que l'intérêt professionnel que le syndicat représente ne s'entend pas nécessairement de l'intérêt de l'unanimité de ses membres et qu'il suffit que certains d'entre eux soient lésés dans leur intérêt professionnel pour que l'intervention du syndicat soit déclarée recevable. »

Comme l'avait fait l'arrêt de la Cour de Cassation du 27 juillet 1907, l'arrêt ci-dessus ne vise pas l'article 9 de la loi du 29 juin 1907, qui était cependant directement applicable au syndicat intervenant. En conséquence, elle exige de la part de l'association la preuve d'une lésion pour que son action soit déclarée recevable. Ses considérants montrent combien elle examine et décompose le préjudice qui se résume en un avilissement des prix des vins du Midi et à leur discrédit sur le marché national, faits qui atteignent directement l'intérêt professionnel.

100. — Le 2 mai 1908, la Cour de Cassation (1) avait de nouveau à juger la question de l'intervention syndicale. Il s'agissait de poursuites exercées contre un négociant en vins pour fausse déclaration tendant à simuler un enlèvement non effectivement réalisé. Le pourvoi

(1) Gaz. pal , 1908, 1, 673.

avait été formé contre un arrêt de la Cour d'appel de Montpellier du 5 décembre 1907. Elle laisse encore de côté l'application de la loi du 29 juin 1907, dit que droit de se porter partie civile est reconnu aux syndicats professionnels par la loi du 21 mars 1884 et le code d'instruction criminelle, dans les poursuites de fraudes ayant lésé les intérêts dont ils ont la défense, « que ce droit est subordonné à la condition que les intérêts collectifs dont il s'agit aient été directement lésés par le fait poursuivi », et elle casse l'arrêt de la Cour de Montpellier parce qu'il n'a pas constaté dans ses motifs la nature du préjudice apporté par le fait poursuivi aux intérêts collectifs du syndicat (1).

101. — La haute Cour adopte la même solution pour des interventions de syndicats compris dans les termes de la loi du 5 août 1908, alors que ses sentences sont postérieures à la promulgation de cette loi.

L'arrêt de la Chambre criminelle du 6 août 1908 (2), statuant sur l'action du Syndicat du commerce des saindoux et salaisons de Marseille, partie civile dans des poursuites de falsifications de graisses alimentaires destinées à être vendues, déclare : « Attendu qu'il est constaté dans l'arrêt attaqué « que la fraude à bon droit reprochée au prévenu a porté une grave atteinte aux intérêts communs et généraux de la profession. »

(1) *Sic*, Cass., 21 nov. 1908. Gaz. pal., 1909, 1, 12.

(2) S. 1909, 1, 223, 4 arrêts.

Attendu que ce premier motif, d'une portée trop générale, ne précise pas le préjudice qui aurait été causé directement au syndicat partie civile. Attendu, d'autre part, qu'il est énoncé dans l'arrêt « que le syndicat a eu à supporter, dans le but de mettre fin à une situation regrettable, des dépenses de différente nature », mais qu'il n'est ainsi relevé qu'un préjudice indirect qui ne peut servir de fondement à l'action civile. »

102. — Plus récemment, dans son arrêt du 13 février 1909 (1), la Cour de cassation pose les mêmes principes. Il s'agit d'une affaire de tromperie sur la quantité de la marchandise vendue. Le syndicat de l'épicerie du Havre s'est porté partie civile. La Cour d'appel de Rouen lui accorde 200 francs de dommages-intérêts et des insertions. Sur le pourvoi formé, la Cour de cassation estime « qu'un préjudice direct et un droit actuel peuvent seuls servir de base à une intervention civile devant les juridictions répressives... attendu que, pour déclarer recevable dans la cause l'intervention en qualité de partie civile du syndicat de l'épicerie du Havre, l'arrêt attaqué énonce qu'outre la déconsidération que les tromperies de Lévy jettent sur l'ensemble du commerce, elles ont constitué encore de sa part un moyen frauduleux de détourner à son profit la clientèle de ses concurrents. Attendu que le premier motif... ne précise pas le préjudice qui aurait été causé directe-

____

(1) *Gaz. Pal.* 1909. 1.508.

ment aux intérêts collectifs représentés par le syndicat partie civile et que le second... ne s'appliquerait qu'aux intérêts individuels de ses membres... » Et elle casse la décision de la Cour de Rouen pour manque de base légale.

Ainsi donc, pas plus en matière viticole, objet de la loi du 29 juin 1907, qu'en toute autre matière commerciale de la loi du 5 août 1908, la jurisprudence ne vise ces textes, cependant applicables aux espèces jugées.

II. — Décision visant les lois nouvelles

103. — Nous trouvons seulement quelques rares décisions qui font application de la loi de 1907. Notamment un arrêt de la Cour de Riom du 26 novembre 1908 (1). Le jugement du Tribunal correctionnel de Montluçon, du 8 juillet 1908, rendu contre Chesnau, pour mise en vente de vin falsifié, a écarté comme non recevable l'intervention à titre de partie civile du Syndicat des vignerons de Béziers et Saint-Pons. Appel est interjeté, la Cour reçoit l'action syndicale : « Que la décision attaquée est motivée uniquement sur l'impossibilité pour le syndicat... de justifier le préjudice que lui aurait occasionné le délit commis par Chesnau, et que la Cour ne saurait s'arrêter à ce motif, puisqu'il

(1) S. 1908. 2.304.

suffit, en effet, que le délit ait préjudicié aux intérêts généraux de la viticulture française pour assurer sur tout le territoire français l'intervention de tous les syndicats viticoles ; que la combinaison des articles 3 et 6 de la loi du 21 mars 1884 et de l'article 9 de la loi du 29 juin 1907 établit qu'un syndicat professionnel régulièrement constitué en vertu de la loi du 31 mars 1884, pour la défense des intérêts viticoles, a le droit de se porter partie civile dans les poursuites du Ministère public contre les délits de falsification et de mouillage de vins, préjudiciables aux intérêts collectifs du syndicat, et d'exercer l'action syndicale en réparation du dommage éprouvé par la collectivité qu'il représente.

Que, dès lors, la recevabilité du syndicat... n'est pas douteuse, et qu'il échet simplement de rechercher si le délit... a préjudicié aux intérêts généraux de la viticulture et des syndicats viticoles... »

104. — Cette décision vise la loi du 29 juin 1907, mais il ne la considère que comme la consécration du droit antérieur. Pour s'en rendre compte, il suffit de se demander quelle aurait été l'attitude de la Cour. si elle n'avait pas appliqué cette disposition législative. Dans ce cas, elle aurait dû admettre l'action d'un groupement rapportant la preuve que le délit, objet de la prévention, avait porté préjudice « aux intérêts généraux de la viticulture française et des syndicats viticoles. » C'est précisément cette preuve qu'elle a exigé et son administration qui lui a suffi pour déterminer la recevabilité. Par conséquent, elle n'a pas trouvé dans la loi nouvelle l'établissement d'un privilège au profit des syndicats (1).

La doctrine de MM. Monier, Chesnay et Roux, dans leur traité sur les fraudes et falsifications, est en grande partie fondée sur cette jurisprudence qui exige, malgré les lois de 1907 et 1908, des syndicats professionnels intervenants, la justification d'une lésion directe et actuelle, suivant les prescriptions du droit commun en matière d'action civile.

105. — Cet état de choses a, sur l'action syndicale, des conséquences très graves : il la livre à l'arbitraire des tribunaux. Une association professionnelle se porte partie civile dans une poursuite de fraudes consommées dans l'exercice de la profession dont elle défend les intérêts ; elle est comprise dans les termes des lois de 1907 ou de 1908; elle n'est cependant jamais assurée de voir son action accueillie, car la juridiction, saisie de son intervention, aura toujours la possibilité de déclarer qu'elle n'a pas rapporté la preuve du préjudice que lui a directement causé le fait incriminé. De plus, dans des poursuites de fraudes commises dans le commerce des mêmes produits, dans la même région, le

(1) Dans le même sens, deux jugements du trib. correct. de Toulouse, du 9 Mai 1908. (Jour. *Le Droit*, 22 Juillet 1908), rapportés par MM. Monier, Chesnay et Roux dans leur ouvrage, sur les fraudes et falsifications.

même syndicat sera reçu dans son action par une juridiction, il sera repoussé par une autre. En dernière analyse, en présence d'une fraude avérée, un syndicat pourra être déclaré irrecevable dans son intervention, et en subir tous les frais, alors même qu'il a pour but la défense des intérêts généraux de la profession, industrie, ou commerce dans laquelle la fraude a été consommée.

Voilà, n'est-il pas vrai, un effet désastreux de nature à paralyser le développement de l'action collective des syndicats, en jetant l'incertitude sous leurs pas, en compromettant les résultats de leurs efforts. Nous y trouvons un argument sérieux en faveur de notre thèse, sur la portée des lois de 1907 et 1908.

106. — Si, malgré tout, on nous accusait d'exagérer les conséquences, de méconnaître le sens véritable de dispositions législatives qui n'ont fait que consacrer certaines décisions de jurisprudence pour en consolider, pour en augmenter l'autorité et éviter les retours en arrière toujours possibles sans l'intervention du législateur, nous répondrions ceci : L'interprétation de la loi du 21 mars 1884, par les tribunaux, donne à tout syndicat fondé pour la défense de la viticulture française le droit d'intervenir dans toutes les poursuites de fraudes viticoles, en justifiant d'une lésion directe à ses intérêts collectifs. Elle trouve cette lésion dans les fraudes quelconques de vins, consommées dans des régions quelconques et portant sur des crûs quelconques.

Mais, à vrai dire, est-il possible, en fait, qu'une fraude commise dans une certaine région, dans la production d'une quantité de vin déterminée, cause à des viticulteurs qui exploitent une autre qualité de vins, ou mieux à un groupement de viticulteurs français, un préjudice direct au sens du Code d'Instruction criminelle ?

Evidemment non ; nous nous sommes déjà expliqués sur ce point. Si donc la jurisprudence admet ce préjudice trop vague, trop indirect, c'est qu'elle veut encore se leurrer elle-même, se donner l'illusion d'appliquer les règles strictes du Code d'Instruction criminelle quand elle fait en réalité bénéficier les syndicats d'une situation d'exception, quand elle colore du nom de réparation d'un préjudice direct, ce qui n'est au fond que le résultat d'un privilège.

Nous arrivons alors à cette conclusion que les tribunaux, qu'ils le veuillent ou non, ont donné à ces associations le droit de poursuivre la répression d'un genre de délit auquel elles s'intéressaient tout particulièrement, de devenir dans une branche de l'intérêt général, qui se réduit en somme à l'intérêt privé d'un groupe, étant donnée la modification qu'a apporté le droit d'association dans la notion de l'intérêt privé, l'intérêt général de la répression se spécialisant, en quelque sorte, les auxiliaires du Ministère public.

Nous nous trouvons ainsi, par suite d'un long détour, bien près de notre interprétation des lois de 1907 et 1908.

En résumé, quel que soit le principe sur lequel la jurisprudence base ses solutions, il est incontestable qu'elle est fort avancée en matière d'action syndicale pour la répression des fraudes. Il nous suffit de jeter un regard en arrière pour nous apercevoir de la distance qui nous sépare de l'arrêt de la Cour de Bordeaux de 1897. Il refusait à un syndicat d'une région déterminée d'intervenir dans la poursuite des fraudes commises dans une autre région. Aujourd'hui, l'arrêt de la Cour de cassation du 27 juillet 1907, sur lequel se sont modelées toutes les décisions postérieures, a pour effet, ainsi que nous l'avons montré, de donner aux syndicats formés pour la répression d'une certaine catégorie de délits le droit d'intervenir, de se faire l'auxiliaire du Ministère public dans leur poursuite.

APPENDICE

**Répression des infractions aux lois sur
la protection légale du travail.**

107. — L'intervention de l'Etat dans l'organisation
du travail industriel et commercial a été pratiquée en
France dès 1841. A cette époque, une loi du 22 mars 1841
réglemente pour la première fois le travail des enfants
employés dans les manufactures. Ce texte, qui ne visait
que les établissements occupant plus de 20 ouvriers et
autorisait l'admission des enfants à partir de 8 ans, fut
suivi d'une disposition plus hardie du législateur, la loi
du 9 septembre 1848, fixant à 12 heures la durée du travail des adultes dans certains établissements. La mise
en vigueur de ces dispositions ne fut réelle qu'après la
création des inspecteurs du travail par la loi du
16 février 1883.

Depuis, la protection légale des travailleurs s'est
accentuée : les lois du 2 novembre 1892 sur le travail

des enfants et des femmes, du 3o mars 1900, prescrivant l'établissement dans le magasin de vente d'un nombre de sièges égal à celui des femmes employées, du 29 juin 1905 sur la durée du travail dans les mines, enfin celle du 13 juillet 1906 sur le repos hebdomadaire, auxquelles sont venus s'ajouter un grand nombre de décrets réglementaires et d'arrêtés, ont assuré une réglementation sérieuse des conditions du travail.

108. — Cependant, malgré le zèle apporté par les inspecteurs du travail dans l'accomplissement de leur mission, un grand nombre d'infractions demeurent insaisissables pratiquement, et restent en dehors de toute poursuite, échappant ainsi aux sanctions édictées par le législateur. La participation des syndicats professionnels, tant ouvriers que patronaux, faciliterait singulièrement la tâche de la répression, soit que ces associations usent de la citation directe devant les tribunaux compétents, soit qu'elles se constituent parties civiles dans les poursuites engagées par le Ministère public.

I. — Rejet de l'intervention syndicale

109. — La jurisprudence a tout d'abord écarté l'intervention syndicale qu'elle envisageait en cette matière avec défaveur.

Le Tribunal de simple police de Paris, dans son

jugement du 20 mars 1907 (1), refuse à un syndicat
d'intervenir dans une affaire d'infraction à la loi du
13 juillet 1906 sur le repos hebdomadaire :

« Attendu que les articles 1, 2, 3, 63 du C. I. C.
ne permettent de transporter l'action civile devant
les tribunaux de répression, soit accessoirement à
l'action publique, soit par citation directe, qu'à ceux
qui se prétendent lésés par les infractions... et qui ré-
clament la réparation du dommage causé... qu'il est
donc indispensable que le fait... remplisse une double
condition : d'une part, qu'il y ait délit ou contravention
et, d'autre part, qu'il porte réellement atteinte aux intérêts généraux de la corporation et non point à la satisfaction d'intérêts particuliers... Que tel n'est pas,
dans l'espèce, le cas de la chambre syndicale... Qu'il
n'est nullement démontré que l'inobservation de cette
loi par le prévenu ait pu causer à la partie civile aucun
préjudice appréciable, soit matériel, soit moral ; qu'au
surplus le syndicat ne compte pas parmi ses membres
tous les employés de la région parisienne... qu'accueillir
sa demande aboutirait à cette conséquence que le syndicat pourrait intervenir dans toutes les instances ayant
pour objet la répression des infractions aux lois ouvrières ; que l'on infligerait de la sorte à un prévenu,
sous forme de dommages-intérêts, des peines multiples
d'autant plus hors de proportion avec l'infraction qu'il
ne s'agit dans l'espèce que de contraventions... »

(1) S. 1907. 2.452.

Cette décision est pour ainsi dire calquée sur l'arrêt de la Cour d'appel de Paris du 11 janvier 1907, dont nous avons parlé à propos des fraudes commerciales. La partie lésée doit, suivant les prescriptions du Code d'instruction criminelle, justifier d'un préjudice direct et actuel. La violation des lois sur la protection du travail ne cause pas aux syndicats ouvriers une lésion qui, réunissant ces conditions, puisse légitimer leur intervention.

II. — Admission de l'Intervention Syndicale.

110. — Nous nous hâtons de faire remarquer que la jurisprudence, n'a pas persisté dans cette voie et qu'elle semble actuellement, au contraire, admettre l'action collective des syndicats dans cette branche de la répression. Cette constatation résulte formellement d'un jugement du tribunal correctionnel d'Etampes, du 7 juillet 1909 (1), confirmé par la Cour d'Appel de Paris. Le Syndicat national des ouvriers mécaniciens de France s'était porté partie civile dans des poursuites exercées par le Ministère public contre un industriel d'Etampes, pour un certain nombre d'infractions aux lois sur le travail et spécialement à la loi du 9 septembre 1848, du 2 novembre 1892, du 30 mars 1900 et du 13 juillet 1906. Sur la

(1) Ce document nous a été communiqué par M. le Greffier de ce Tribunal.

recevabilité de l'intervention syndicale, le dispositif est ainsi conçu :

« Attendu que le Syndicat national des ouvriers mécaniciens de France..., s'est porté partie civile sur la présente instance et a déposé des conclusious tendant à l'allocation de un franc à titre de dommages-intérêts, à l'affichage du jugement et à des insertions. Attendu que les syndicats professionnels sont actuellement en droit d'exercer sous une forme collective les actions individuelles qui appartiennent à leurs membres, lorsque ces actions ont pour but de faire respecter les intérêts généraux de la profession et notamment de se porter partie civile dans une poursuite contre un tiers dont les actes illicites ont préjudicié à ces intérèts. Qu'en l'espèce, il est certain qu'un préjudice, moral tout au moins, a été causé aux membres du syndicat, les agissements des prévenus entraînant une surproduction illicite de travail étant de nature à causer une aggravation de chômage. Que l'action du syndicat est donc recevable, mais qu'il y a lieu de consacrer le principe de la responsabilité par l'allocation pure et simple de la somme de un franc à titre de dommages-intérèts... »

Tandis que le Tribunal de simple police de Paris ne voyait dans la violation des lois sur le travail aucun préjudice direct causé à la collectivité ; le Tribunal d'Etampes déclare que la dite violation porte aux membres de l'association intervenante, pris en particulier, un préjudice moral parce qu'en augmentant la productivité de la journée de travail dans une certaine mesure elle cause par cela même une aggravation du chômage. De cette lésion naissent, dans la personne des unités qui composent le groupe, des actions individuelles ; mais comme elles tendent en réalité à assurer la sauvegarde des intérêts collectifs de la profession, l'action syndicale est légitime.

111. — Cette décision a une très grande portée, non seulement parce qu'elle admet l'intervention des groupements professionnels dans la répression des infractions aux lois concernant le travail, mais encore au point de vue de l'action collective des syndicats en général. Elle confirme l'opinion que nous avons adoptée, notamment quant à la limitation de la défense par l'association des intérêts individuels de membres, au cas où ils concordent avec les intérêts généraux de la collectivité, autrement dit, selon l'expression du jugement d'Etampes, au cas où les actions individuelles ont pour but de faire respecter les intérêts professionnels.

DEUXIÈME PARTIE

Les Associations déclarées.

GÉNÉRALITÉS

112. — L'influence et l'action des collectivités deviennent de plus en plus importantes, et c'est un fait considérable, caractéristique, si l'on peut dire, de notre époque, que ce phénomène de concentration des forces individuelles en vue d'un effort commun. Le développement des associations professionnelles, et l'activité syndicale toujours plus intense, favorisés par la jurisprudence, reconnus par la doctrine et confirmés par la loi, se sont accrus dans des proportions telles que les esprits les plus enclins aux tendances libérales n'auraient osé l'espérer.

113. — Mais, quoique les syndicats aient attiré à

eux la plus grande partie des efforts collectifs, il ne faudrait pas croire qu'ils sont les seuls groupements susceptibles de mettre en jeu, d'exercer « cette force nouvelle que donne la collectivité. » La loi du 1er juillet 1901, érigeant l'édifice général du droit d'association dont la loi du 21 mars 1884 n'était que la première pierre, a donné aux collectivités un champ d'action plus grand encore. Et s'il est un groupement dont l'influence est appelée à être très sérieuse, c'est bien l'association déclarée de la loi de 1901.

114 — En effet, des trois formes prévues par le texte, cette dernière est la plus normale, la plus commode : elle est aussi la plus communément adoptée. Tout en ne différent de l'association pure et simple, dispensée de toute formalité. que par le dépôt de ses statuts à la préfecture, accompagné du nom de ses administrateurs et de l'énumération de ses établissements, elle confère à la collectivité qui l'adopte une capacité juridique, la petite personnalité, qui se rapproche singulièrement de la grande personnalité des associations reconnues d'utilité publique, l'acquisition par dons et legs lui étant seulement refusée.

115. — Une question se présente maintenant à nous. La jurisprudence et le législateur ont permis à l'action des syndicats de prendre une extension inespérée : quelle sera dès lors la situation des associations déclarées, forme vivante du droit d'association, généralement reconnu par la loi du 1er juillet 1901, lorsqu'elles interviendront dans l'intérêt de leurs membres ? Devra-t-on les assimuler aux syndicats professionnels, en mettant ces deux sortes de groupements sur un pied d'égalité ; devra-t on, au contraire, éviter de les confondre, le libéralisme dont bénéficient les uns ne devant en aucun cas atteindre les autres ?

116. — Une distinction capitale est tout d'abord nécessaire : nous diviserons les associations, suivant le but qu'elles se proposent en deux grandes catégories : 1º Celles qui poursuivent la défense d'intérêts privés communs ; 2º Celles qui poursuivent la défense de l'intérêt général.

TITRE I

Associations formées pour la défense d'intérêts privés communs

117. — Avant tout, il faut éviter de confondre ces collectivités des groupements à but désintéressé. Loin de s'attacher à la répression d'infractions déterminées qui ne les touchent pas directement, comme le demandent ces derniers, elles désirent, au contraire, défendre par l'association les intérêts communs de leurs membres.

118. — Si nous procédons par voie d'analyse, nous pouvons ranger sous ce titre :

1° Les associations irrégulières au point de vue de la loi du 21 mars 1884, qui deviennent régulières par application de la loi du 1er juillet 1901. Quelques éclaircissements sont nécessaires sur ce point La loi de 1884 (nous nous étendrons dans la suite sur cette idée) avait concédé aux groupements professionnels la faveur de l'existence légale dont ne jouissaient pas les autres associations. Tandis que la loi de 1884 visait un cas particulier, la loi de 1901 devient le droit commun. Avant la promulgation de cette dernière, une association qui ne se conformait pas aux strictes dispositions de la loi de 1884 n'avait aucune existence propre, elle se trouvait soumise aux règles ordinaires du droit civil ou pénal. Avec la loi de 1901, la situation change de face. Un groupement qui ne peut invoquer les dispositions limitatives de la loi de 1884 va s'abriter sous la loi de 1901, beaucoup plus large. Ainsi, un syndicat irrégulier aux yeux de la loi de 1884 rentrera dans le cadre de l'association déclarée. « Tout syndicat professionnel irrégulier, dit M. Clunet (1), constitue depuis la loi du 1er juillet 1901, article 2, au moins une association déclarée.... de telle sorte qu'il semble qu'un groupement imparfait, comme syndicat professionnel et non admis dès lors aux avantages de la loi du 31 mars 1884, retombe automatiquement dans l'une des catégories limitativement reconnues par la loi de 1901, l'association déclarée. »

119. — Prenons un exemple. Soit un syndicat de propriétaires fonciers non exploitant qui se constitue et prend pour base de sa formation la loi de 1884. Il se présente devant la justice pour la défense des intérêts de ses membres. La juridiction saisie va se retrou-

(1) *Les Associations*, tome I, n° 384 et s

ver en présence d'une question à résoudre du plus haut intérèt. En effet, suivant l'interprétation courante de l'article 2 de la loi du 21 mars 1884, les membres du syndicat intervenant n'exercent pas à proprement parler une profession : la qualité de propriétaire d'immeubles ruraux affermés étant simplement une condition sociale, ils ne peuvent former un syndicat.

Faut-il, pour cela, déclarer le groupement inexistant et incapable ? Evidemment non. Irrégulier au point de vue de la loi de 1884, il existe suivant les prescriptions de la loi de 1901, en tant qu'association déclarée.

120. — La seule question qui pourrait soulever une difficulté est celle de la publicité attachée aux statuts de ces deux sortes de groupements. La loi de 1884 ordonne leur dépôt à la Mairie, la loi de 1901 prescrit de le faire à la Préfecture. Ces deux formalités peuvent-elles se suppléer réciproquement ? Quoi qu'il en soit du principe que les formalités déterminées par la loi ne peuvent être suppléées, on doit considérer comme une rigueur exagérée le fait de rejeter l'action d'un syndicat uniquement pour une question de lieu de dépôt.

Sans doute le décret règlementaire du 16 août 1901 ajoute certaines formalités postérieures à celles de la loi : mais elles ne sont pourvues d'aucune sanction et l'association peut fonctionner même avant que cette publicité secondaire ait été effectuée. Ainsi, c'est le lieu seul du dépôt qui varie. Il est reçu par l'autorité administrative représentée dans un cas par le Maire, dans l'autre cas par le Préfet.

La formalité essentielle est le fait de la publicité des statuts et l'on peut dire que le but de la loi est atteint quand le dépôt a eu lieu, que ce soit à la Mairie ou à la Préfecture. Quant aux droits des tiers, ils ne seront en aucun cas mis en danger (1). L'action de la collectivité devra donc être admise

121. — 2° Nous trouvons ensuite des associations formées pour la défense d'intérêts non prévus par la loi de 1884, pourvu qu'elles n'aient pas l'intention de réaliser de bénéfices. Ce sont, à proprement parler, les groupements prévus par la loi de 1901. Leur seule différence avec les syndicats, c'est qu'ils poursuivent la défense d'intérêts communs non professionnels. Il y a en effet d'autres sociétés que celles groupant des intérêts professionnels qui pourraient invoquer pour leur intervention collective certains préjudices causés à la communauté par des faits ou des infractions quelconques.

Tel est par exemple le cas d'une ligue de consommateurs désireux de se protéger contre l'envahissement de la fraude et des falsifications dans les produits alimentaires de toutes sortes.

(1) V. Laborde, op. cit

122. — 3º Nous rangerons sous ce chef des associations qui, ayant en apparence pour objet la défense d'une branche de l'intérêt général, n'ont en réalité d'autre but que la sauvegarde d'un intérêt privé collectif.

Comme le dit M Laborde (1) : « Lorsqu'un genre de délit menace plus particulièrement certaines personnes, celles-ci ont un un intérêt commun à poursuivre le délit. même lorsqu'il n'atteint que l'une d'elles. L'intérêt général de la répression se spécialise : il devient l'intérêt du groupe à raison de l'imminence du danger. »

Et M. Laborde donne les exemples suivants : Des pères de famille, dont les fils fréquentent le même lycée, s'émeuvent justement de la vente ou de la distribution de journaux pornographiques et de prospectus obscènes, qui se fait sur la voix publique. à la porte du lycée, au moment de la sortie des élèves. La police est impuissante ou trop tolérante. Ils se forment en association déclarée pour constater et poursuivre ce délit auquel leurs enfants sont plus exposés que tous autres.

Ce n'est plus la ligue contre la licence des rues. mais bien un syndicat d'intéressés qui veut poursuivre un délit localisé, atteignant ou pouvant atteindre d'un moment à l'autre chacun de ses membres : voilà l'intérêt commun : il diffère bien de l'intérêt général de la Société dont le ministère public est exclusivement chargé.

(1) Laborde : « De la poursuite des délits par les associations. » *Lois nouvelles*, p. 295 et s.

A cet exemple typique, parce qu'il fait ressortir l'opposition entre l'intérêt général de la société que poursuivent certaines associations d'intérêt général, et l'intérêt privé collectif d'un groupe qui n'entreprend pas de supplanter le ministère public, mais de se défendre contre un préjudice actuel pour certains de ses membres, et imminent pour d'autres, l'auteur ajoute les exemples suivants :

Une association déclarée formée entre ministres d'un culte, ayant pour objet de poursuivre les coups, violences, diffamations, injures dont ils seraient victimes dans l'exercice ou à l'occasion de l'exercice de leur sacerdoce et auxquels ils sont, en raison de leur qualité, plus exposés que l'on ne l'est en général;

Une association déclarée formée entre ouvriers jaunes qui veulent travailler pour constater et poursuivre les atteintes à la liberté du travail ou les violences de toutes espèces auxquelles ils sont exposés de la part des grévistes ;

Les propriétaires fonciers qui ont déclaré un lock-out et qui sont exposés à toutes sortes de destructions et de violences de la part des ouvriers congédiés. Enfin, toutes les associations formées, soit pour la défense d'une propriété commune : nom du lieu de fabrication, nom du crû, marque collective, soit pour la répression des infractions à certaines lois qui intéressent plus particulièrement la communauté, notamment l'association entre habitants du même quartier, ayant pour objet la poursuite des infractions aux lois concernant l'hygiène publique. » (1)

Ce système a l'avantage de permettre des applications de l'action civile collective, sans exiger une modification préalable des lois existantes. Il établit une distinction judicieuse et vraie entre l'action privée collective, qui est le droit commun pour les syndicats et les associations déclarées, et le système de l'accusation professionnelle, qui constitue un premier essai de la poursuite des délits par les associations d'intérêt général et qui, lui, est exceptionnel.

La jurisprudence paraît, en général. s'y rallier. (Voir n°ˢ 143 et s.)

123. — En somme, nous ferons remarquer que ces trois classes se ramènent en réalité. à une seule. la défense d'intérêts privés communs. étant la marque essentielle de chacune d'elles.

(1) V. Moye, professeur à la Faculté de droit de Montpellier : *Examen doctrinal*, 1911, p. 13.

CHAPITRE I

Pourquoi établir une différence entre les Syndicats Professionnels et les Associations déclarées au point de vue de l'Action Collective ?

124. — Si l'on recherche le fondement d'une distinction entre les Syndicats professionnels et les associations déclarées au point de vue de l'action collective, on arrive à cette conclusion que rien ne la justifie raisonnablement. L'examen des dispositions législatives les concernant respectivement, suffit en effet pour démontrer qu'il existe entre ces deux formes du droit d'association similitude d'objet et identité de moyens d'action.

125. — 1° Similitude quant à l'objet. Nous avons pris soin de reporter sous un second titre l'étude des associations déclarées désintéressées, ayant uniquement pour but de défendre une branche de l'intérèt générai de la société sans arguer de préjudice particulier subi soit par les membres, soit par le groupe lui-même. De cette façon, nous rejetons d'emblée l'objection qu'on pourrait nous présenter, à savoir qu'il n'y a aucune assimilation possible entre deux groupements tels que

le Syndicat des viticulteurs de la Gironde par exemple,
et la Ligue contre la licence des rues, l'un formé pour
la défense des intérêts privés de ses adhérents, auquel
on réclamera, au cas d'action collective, la justification
d'un préjudice commun et général ou individuel, mais
mettant en jeu les intérêts de la profession elle-même:
l'autre créé dans un but humanitaire, pour la protection
de la moralité publique et dont les membres n'auront
jamais subi aucune lésion directe par les faits qu'il de-
mandera à réprimer. Nous n'envisageons ici que les
associations formées par la défense d'intérêts privés
communs telles que nous les avons entendues plus
haut.

126. — Cecit dit, l'article 3 de la loi du 21 Mars
1884 donne pour mission aux Syndicats la défense
des intérêts économiques, industriels. commerciaux et
et agricoles de leurs membres. D'après l'article 1er de
la loi du 1er juillet 1901. les associations déclarées, ont
pour but la mise en commun d'une façon permanente,
par certaines personnes, de leurs connaissances et de
leur activité dans un mobile autre que de partager des
bénéfices.

Le champ d'action de l'association déclarée est donc
beaucoup plus vaste que celui du syndicat. Elle peut.
en effet, se proposer la défense d'intérêts quelconques
de ses membres, alors que le syndicat est limité dans
les intérêts qu'il peut grouper ; ils doivent être compris

dans les catégories limitativement déterminées par l'article 3 de la loi de 1884. Toujours est-il qu'il y a dans les deux cas. avec la réserve que nous avons faite pour les associations à but désintéressé, similitude d'objet, ces deux formes de groupements agissant l'une et l'autre pour la défense d'intérêts communs. La nature seule de ces intérêts varie.

On pourrait nous objecter que les intérêts économiques, industriels, commerciaux, agricoles, de la loi de 1884, sont plus dignes d'être favorisés que les autres ; que le législateur l'a si bien prévu qu'il a d'abord conféré le droit d'association précisément aux syndicats professionnels.

Une réponse vient tout naturellement à l'esprit. Si les syndicats sont limités dans la nature des intérêts dont ils peuvent prendre la défense, il n'en est pas de même des associations déclarées, nous venons de le voir. Dès lors, rien n'empêche une collectivité de patrons ou d'ouvriers de choisir la forme associationnelle plutôt que la forme syndicale pour la protection de leurs intérêts professionnels. Sans doute, en pratique, les groupements ouvriers ou patronaux préfèrent se constituer en syndicats, mais c'est presque uniquement le résultat des préoccupations d'ordre politique ? Cette remarque ne touche en rien à la portée de notre argument. Nous sommes donc fondés à déclarer qu'il y a, entre le syndicat et l'association déclarée formée pour la défense d'intérêts privés communs, similitude d'objet.

Pour réaliser son but, l'association aura besoin d'exercer l'action collective. Or, cette dernière est reconnue aux syndicats : pourquoi, étant donnée l'équivalence que nous avons signalée, refuserait-on un droit à un groupement parce qu'il est dénommé association déclarée et non syndicat professionnel, alors qu'en réalité ce sont là des organismes semblables et que l'un d'eux jouit de ce droit ?

Cette différenciation aurait d'autant moins sa raison d'être que la loi de 1884 et celle de 1901 s'expriment dans les mêmes termes au sujet de l'action en justice. Nous arrivons ainsi à notre deuxième observation.

127. — 2° Identité de moyens pour la réalisation du but poursuivi.

L'article 6 de la loi du 21 mars 1884 et de celle du 1ᵉʳ juillet 1901 ont une rédaction identique : « les syndicats de patrons et d'ouvriers auront le droit d'ester en justice.. » « toute association régulièrement déclarée peut sans aucune autorisation spéciale ester en justice ». Au sujet de l'action collective, elles employent le même terme « ester en justice » et n'ajoutent rien de plus dans la suite de leurs dispositions. Ainsi, de même que la loi de 1884, nous l'avons indiqué précédemment, ne s'explique ni sur l'étendue de ce droit, ni sur les conditions de son exercice, de même la loi de 1901 observe à ce point de vue le mutisme le plus complet.

128. — Or, la jurisprudence reconnaît aux syndicats professionnels, dans une mesure très large, le pouvoir de « syndicaliser », selon l'expression de M. Planiol, l'exercice des actions en justice ; elle se base uniquement pour arriver à ce résultat sur la combinaison des articles 3 et 6 de la loi de 1884 qui sont aussi peu explicites que les articles 1 et 6 de la loi de 1901. On ne peut donc pas concevoir que les association déclarées que nous étudions soient traitées d'une manière différente.

Ainsi, dès notre premier contact avec l'examen des associations déclarées intervenant pour la défense des intérêts de leurs membres, nous ne voyons pas la raison d'une différenciation irréductible avec les syndicats professionnels. Bien loin de là, un traitement identique paraît devoir s'imposer.

CHAPITRE II

Doit-on étendre aux associations déclarées les dispositions législatives favorisant l'action collective des syndicats professionnels ?

129. — Nous avons vu, d'une part, au début de notre étude, que la règle à suivre pour l'application des textes visant les personnes morales est l'interpré-

tation extensive ; d'autre part qu'il n'y a aucune raison de distinguer, au point de vue de l'action collective, les syndicats professionnels d'avec les associations déclarées. Devons-nous en conclure qu'on peut
étendre à ces dernières les dispositions législatives intéressant les premiers ?

La solution de cette question a une importance considérable. Depuis la loi de 1901, le législateur a surtout porté son attention sur les groupements professionnels dont l'influence morale et matérielle n'a cessé
un instant de progresser depuis la promulgation de la
loi de 1884. Il s'est appliqué à consolider de son
mieux les tendances libérales de la jurisprudence sur
l'action syndicale, mais il n'a pas parlé des associations. Celles-ci pourront-elles réclamer le bénéfice des
lois visant les syndicats, ou bien, feudra-t-il les abandonner à l'arbitraire des tribunaux qui se donnera
libre cours avec l'imprécision du texte de la loi de
1901 ?

Pour examiner cette question, nous étudierons
d'abord les dispositions législatives intervenues avant
la loi du 1er juillet 1901 ; ensuite les textes qui ont été
promulgués postérieurement à cette loi.

I. — Dispositions Législatives promulguées
avant la Loi du 1er Juillet 1901.

130. — La question de savoir s'il faut étendre aux

associations déclarées les dispositions législatives intervenues avant la loi du 1er juillet 1901, et favorisant
l'action collective des Syndicats est résolue par le lien
étroit, le rapport de dépendance qui existe entre la loi
de 1901 et la loi de 1884.

Lorsqu'en 1884, le Parlement, sur la proposition de M.
Waldeck-Rousseau, accordait aux Syndicats professionnels la faveur de l'existence légale, il n'entendait
pas établir des principes généraux sur le droit d'association : il voulait seulement, par une mesure provi-
soire, favoriser l'exercice, la formation d'un mode de
collectivité qui lui paraissait particulièrement digne
d'intérêt, et il remettait à plus tard la rédaction d'un
texte statuant sur le droit d'association en général. A
cette époque, en effet, nous l'avons indiqué plus haut,
le nombre des associations professionnelles clandesti-
nes, vivant à la faveur de la tolérance gouvernemen-
tale, était devenu considérable : le besoin de s'unir
était essentiellement urgent dans la classe ouvrière :
c'est pour cela que le gouvernement eut l'idée de con-
céder en bloc, aux groupements professionnels, l'existence légale. La loi du 21 mars 1884 n'envisageait le
droit d'association qu'à un point de vue particulier, la
loi du 1er juillet 1901 règle le droit d'association en
général, « la loi du 21 mars 1884 a reconnu et règle-
menté les associations professionnelles entre patrons et
ouvriers.   la loi du 1er juillet 1901 a proclamé la
liberté générale d'association (1) ».

(1) Louis Barthou, *Revue de Paris*, 1906

131. — Ainsi, il est impossible d'admettre que les Syndicats professionnels qui rentrent dès la loi de 1901, dans le cadre général des associations, aient plus de droits que l'association déclarée. La loi de 1901, établissant le droit commun des associations, a entendu généraliser les mesures prises en faveur des Syndicats professionnels, et non seulement la loi de 1884, mais aussi les autres textes les concernant. notamment la loi du 30 novembre 1892, sur l'exercice de la médecine autorisant dans son article 13. les Syndicats de médecins, de chirurgiens-dentistes et de sage-femmes, à se porter partie civile, dans la poursuite des infractions à la dite loi. Cette disposition, dont la portée a été contestée, est, selon nous, la consécration par le législateur de l'œuvre juridisprudentielle et affirme sa sympathie pour l'interprétation libérale de la loi de 1884. qu'elle consacre dans un cas particulier.

La loi de 1901 crée donc une réelle uniformité entre les diverses sortes d'associations. et toutes les dispositions législatives qui l'ont précédée visant les syndicats professionnels doivent s'appliquer aux associations déclarées.

II. — MESURES LÉGISLATIVES POSTÉRIEURES A LA LOI DU 1ᵉʳ JUILLET 1901.

132. Au premier abord, on conçoit certaines hési-

tations, quand il s'agit d'étendre aux associations déclarées les dispositions visant les syndicats professionnels,
intervenues postérieurement à la loi de 1901. Sans
doute le droit d'association a été généralement réglé
par la loi de 1901, mais rien n'empêchait le législateur
de viser dans la suite et de favoriser, en vertu du pouvoir de réglementation de l'Etat, dans un but d'ordre
social, telle ou telle forme de ce droit, ou de l'arrêter
dans son développement s'il y voyait quelque danger. Il
ne faisait en cela qu'exercer un attribut essentiel du rôle
des gouvernants, la poursuite de l'équilibre des forces
sociales.

133. — Mais le principe dégagé de la réalité de
l'existence des personnes morales, c'est-à-dire l'interprétation libérale, extensive des textes va nous guider
et assurer la solution du problème en faveur des associations déclarées. Si le législateur veut retirer quelque
chose à la capacité d'une association déclarée, il doit le
dire expressément, et la jurisprudence sera en droit, en
tenant compte d'analogies dictées par son libre examen,
d'étendre la liste des facultés formellement reconnues
par les textes

134. — Nous examinerons la question pour les lois
du 29 juillet 1907 et du 5 août 1908.

Les articles 9 de la loi du 29 juillet 1907 et 2 de la loi
du 5 août 1908 sont rédigés dans des termes identiques.
Ils commencent par ces mots : « tous syndicats formés

conformément à la loi du 21 mars 1884 pour la défense... »

En l'état de cette formule, peut-on appliquer leurs
dispositions aux associations déclarées ?

Nous avons déjà indiqué, dans notre première partie.
combien les énonciations des lois de 1907 et 1908, concernant l'action collective des syndicats professionnels
pour la répression des fraudes et falsifications, étaient
obscures et comment elles soulevaient de sérieuses difficultés pratiques. Nous nous trouvons ici en face d'une
de ces difficultés.

1° *La négative*

135. A l'appui de cette solution (1). on invoque la
chute de l'amendement Castelnau. Cette proposition en-
globait, en effet. dans ses termes. les associations déclarées qu'elle visait formellement. Si elle a été rejetee.
dit-on, c'est que la majorité parlementaire lui était défa-
vorable et qu'elle a entendu restreindre l'application
du texte voté aux seuls syndicats. A ceci nous répon-
drons, comme nous l'avons fait antérieurement. que
l'amendement dont il s'agit n'a pas été discuté ni voté.
qu'il a été simplement retiré. devant l'urgence. et qu'il
ne fait ainsi que manifester l'opinion de quelques membres du parlement. Que, d'ailleurs. sa rédaction est
extrêmement défectueuse, et que sa conséquence la plus

(1) Toubeau, op cit. Monier, Chesnay et Roux, op cit.

grave serait d'enlever le bénéfice des dispositions de la loi de 1907 aux unions de syndicats, par l'intermédiaire desquelles s'exerce toujours davantage l'influence des collectivités syndicales.

2° L'affirmative

136. — C'est la solution que nous adoptons. Elle part de cette idée que les dispositions légales, concernant les syndicats professionnels, postérieures à la loi de 1901, doivent éliminer nettement, expressément, toute association qu'elles voudraient exclure du bénéfice de leur application.

Les lois du 29 juin 1907 et du 5 août 1908 l'ont-elles fait ? Leurs articles 6 et 2 qui concernent l'action collective disent « tous syndicats... » Pourquoi employer le pluriel ? Il semble que le singulier était bien plus naturel si les rédacteurs avaient eu dans la pensée de parler seulement des groupements institués par la loi du 21 mars 1884 N'est-il pas, au contraire. possible que, par cette expression, les représentants des régions viticoles, gémissant sous l'étreinte de la crise de 1907, aient visé les associations en général ?

Telle est l'opinion de M. Laborde (1), qui estime que la loi de 1907, dans son renvoi au texte de 1884, veut seulement désigner des associations capables d'ester en

____

(1) Op. cit.

justice comme le sont les syndicats professionnels en vertu de ladite loi.

Sans doute, les articles ci-dessus permettent bien des interprétations ; mais, alors même qu'ils n'auraient visé que les syndicats, on devrait étendre leurs dispositions aux associations déclarées, car, si le législateur avait eu l'intention de les écarter de l'application de la loi, il aurait dû le dire expressément.

137.— En faveur de cette thèse, nous apporterons un argument d'analogie. Quand fut déposé à la Chambre le projet qui est devenu la loi du 1er juillet 1906, relative à l'application en France des conventions internationales concernant la propriété industrielle, une contro·verse existait sur la question suivante : la convention internationale de 1883 et ses annexes étaient-elles un simple traité applicable seulement dans les relations internationales, ou bien constituaient-elles la loi des Français pour toutes leurs relations nationales et internationales tant qu'ils adhèreraient à l'union ? Le projet déposé consistait essentiellement en ceci : toutes les conventions relatives à la propriété industrielle et notamment celle de 1883 et ses annexes sont applicables aux Français dans toutes leurs relations nationales et internationales.

La Chambre des députés accepta le projet, mais estima qu'il ne fallait pas compromettre l'avenir ; elle décida, en conséquence, que, lorsque le gouvernement soumettrait un traité relatif à la propriété industrielle aux chambres, s'il voulait le rendre applicable aux relations purement nationales des Français, il devrait déposer en même temps un projet de loi à ce sujet.

La loi du 1er juillet 1906 a un caractère nettement interprétatif; elle met fin à une controverse. De sorte que nous trouvons, dans la décision des Chambres que nous venons d'indiquer, une grande analogie avec la loi de 1901 sur le contrat d'association ; ce texte a étendu considérablement les limites de la loi de 1884 : il a voulu supprimer une foule d'entraves que cette dernière apportait à la formation et au fonctionnement des syndicats professionnels. Il était dans la pensée du législateur de 1901 d'accorder aux associations déclarées, forme nouvelle des syndicats professionnels, non seulement tous les droits que ceux-ci possédaient déjà, mais tous ceux qu'ils pourraient avoir dans l'avenir.

Donc, si, depuis la loi de 1901, une loi nouvelle veut accorder aux syndicats professionnels un droit qu'elle refuserait aux associations déclarées, elle doit le dire d'une façon formelle et explicite.

138. — Nous arrivons ainsi à cette conclusion que les mesures visant les syndicats professionnels, qu'elles soient antérieures ou postérieures à la loi du 1er juillet 1901, devront être étendues aux associations déclarées, à moins que ces textes ne les excluent formellement de leur application.

CHAPITRE III

Domaine de l'action collective des associations déclarées

139. — Pour déterminer les limites de l'action collective des associations déclarées, il suffira d'appliquer une règle bien simple, découlant des principes que nous avons dégagés précédemment. L'association n'aura pas plus de droits et pas moins de droits que les syndicats professionnels.

140. — 1° Quant à l'objet de l'action collective.

Pour la défense de quels intérêts l'association aura-t-elle le droit d'ester en justice? Nous suivons ici la distinction établie au début de notre étude au sujet des syndicats professionnels.

Autant de droits que les syndicats.

a) L'association interviendra pour la défense de ses intérêts patrimoniaux. Ils résulteront de la propriété des immeubles nécessaires à son fonctionnement, de la poursuite des délits dont elle pourrait être victime en tant que personne morale. La capacité de l'association déclarée se rapprochant sensiblement de celle des syndicats professionnels (sauf au point de vue des dons et legs), les intérêts patrimoniaux de ces deux formes de groupements seront généralement les mêmes.

b) L'association agira ensuite pour la défense des intérêts collectifs proprement dits. Nous donnons à cette expression le même sens que nous lui prétions, dans l'étude de l'action syndicale : c'est-à-dire que dans ce cas l'intervention de la collectivité pour la sauvegarde des intérêts généraux qu'elle a pour mission de protéger ne profitera pas spécialement à tel ou tel membre.

c) L'association soutiendra enfin, devant les tribunaux, les intérêts individuels de ses membres, lorsqu'il concorderont avec l'intérêt collectif : l'action collective se cumulant alors avec les actions individuelles.

Pas plus de droits que les syndicats.

On devra déclarer irrecevable l'action collective d'une association ayant pour objet la défense des intérêts purement individuels de ses membres, et qui n'ont aucun point de contact avec l'intérêt général et collectif du groupe.

2° *Quant aux conditions de la recevabilité*

141. — En règle générale, l'association sera tenue de se conformer au droit commun. Il faudra qu'elle rapporte la preuve d'une lésion aux intérêts dont la défense légitimera son intervention. Cependant, par application des lois du 29 juin 1907 et du 5 août 1908, telles que nous les avons interprêtées, les associations formées pour la protection de l'agriculture, de la viticulture, de la fabrication et de la vente des produits alimentaires, seront douées absolument comme les Syndicats professionnels, d'un privilège de poursuite et n'auront pas à justifier d'un préjudice.

3° Sous quelle forme s'exercera l'action collective.

142. -- Les moyens d'action dont dispose le syndicat seront reconnus aux associations déclarées. Ces dernières s'adresseront aux tribunaux civils pour l'exécution des conventions qu'elles auront conclues, pour demander la réparation des délits civils ou des quasi-délits dont elles auront eu à souffrir. Leur intervention en matière répressive, soit par voie de citation directe, soit par la constitution de partie civile, sera également admise devant les juridictions de répression. Elles pourront également se présenter devant les juridictions administratives, notamment devant le Conseil d'Etat, par la voie du recours pour excès de pouvoir. Toujours dans les mêmes conditions que les Syndicats professionnels.

CHAPITRE IV

LA JURISPRUDENCE SUR L'ACTION COLLECTIVE DES ASSOCIATIONS DÉCLARÉES

143. — Après avoir examiné l'action collective des associations déclarées telle qu'elle devrait être, il nous reste à nous demander ce qu'elle a été dans la pratique, comment la jurisprudence s'est prononcée à son égard.

Il faut d'abord remarquer que les collectivités ont une tendance à préférer la forme syndicale à la forme associationnelle. Ce phénomène s'explique fort bien. La jurisprudence sur l'action syndicale est basée sur des décisions d'une grande autorité ; le législateur l'a lui-même consacrée. En s'abritant sous les dispositions de la loi de 1884, un groupement est à peu près certain de bénéficier de l'œuvre libérale et de cette jurisprudence et de cette législation. S'il adoptait au contraire la forme de l'association déclarée, cette certitude ne serait pas aussi absolue et des difficultés pourraient naître de l'interprétation de la loi de 1901, que la loi de 1884 n'aurait pas soulevées. Cette tendance que nous signalons sera vraisemblablement toujours marquée, tant qu'une fusion législative n'aura pas été opérée entre ces deux textes : la loi de 1901 et celle de 1884.

Une autre cause de la faveur avec laquelle est vue la forme syndicale par les groupements professionnels est, croyons-nous, cette pensée d'ordre politique qui n'est autre que l'affiliation possible à la Confédération générale du travail et au mouvement qu'elle dirige.

Aussi, dans la pratique, nous ne trouvons formées en associations déclarées que les collectivités qui ne peuvent pas faire différemment, c'est-à-dire qui n'ont pas la faculté de réclamer la protection de la loi de 1884, n'ayant pas, au sens de cette disposition légale, le caractère professionnel.

144. — La jurisprudence sur l'action collective des associations déclarées se compose presque uniquement de décisions rendues à la suite de recours pour excès de pouvoirs C'est en effet devant les juridictions administratives que ces groupements ont eu le plus souvent à porter leurs actions.

145. — Notons, tout d'abord, un arrèt du Conseil d'Etat du 21 décembre 1906 (1). La Compagnie des tramways électriques et omnibus de Bordeaux possédait un tronçon n° 5 intéressant spécialement le quartier de Tivoli. En 1901 eut lieu, entre la ville et la Cie, un remaniement des réseaux réglé par une convention régularisée par décret. En 1903, la Compagnie annonça une modification d'après laquelle la ligne n° 5 ne serait plus desservie dans son entier par un même service, le parcours intégral devant ètre effectué par transbordement et nécessitant la présentation de deux billets. Les propriétaires et contribuables des quartiers intéressés protestèrent et adressèrent au préfet de la Gironde une réclamation basée sur la violation par la Cie de son cahier des charges et tendant à ce que le préfet l'oblige à rétablir le service supprimé. Le préfet de la Gironde

_____
(1) D. P., 1907, 3, 41.

rendit un arrêté rejetant la demande par des motifs de droit tirés du contrat de concession. C'est contre cette décision que le Syndicat des propriétaires et contribuables du quartier Croix-de-Séguey-Tivoli exerçait le recours pour excès de pouvoir devant le Conseil d'Etat. L'association était constituée conformément à la loi du 1er juillet 1901 : elle avait pour objet la défense des intérêts du quartier. Etait-elle recevable dans son action ?

L'arrêt, quoique rejetant au fond la demande, comme mal fondée, se prononce en principe pour l'affirmative :

« Considérant que le syndicat des propriétaires et contribuables du quartier Croix-de-Séguey–Tivoli s'est constitué en vue de pourvoir à la défense des intérêts du quartier... que ces objets sont au nombre de ceux qui peuvent donner lieu à la formation d'une association aux termes de l'article premier de la loi du 1er juillet 1901. Qu'ainsi l'association requérante, qui s'est conformée aux prescriptions des articles 5 et suivants de la loi du 1er juillet 1901, a qualité pour ester en justice. »

M. Romieu, commissaire du gouvernement, avait conclu dans ce sens. On opposait à la collectivité intervenante plusieurs arguments. Elle ne pouvait constituer un syndicat, car elle était formée entre personnes non visées par la loi de 1884, ni une association, puisqu'elle était constituée dans une idée de lucre son but apparent étant la création d'une plus-value au profit des immeubles appartenant à ses membres. Elle n'était autre chose qu'une société de plaideurs née pour les besoins de la cause. Enfin, en admettant même qu'elle existe en tant qu'association, son action devait être rejetée parce qu'elle avait pour objet la défense des intérêts individuels de ses membres et non la sauvegarde des intérêts collectifs du groupe.

146. — M. Romieu fit observer que l'association avait été fondée en 1901, et que les premières difficultés entre la Compagnie et les propriétaires s'étaient produites en 1903. Qu'elle était d'ailleurs fondée, **aux termes de ses statuts**, « pour défendre les intérêts du quartier, y poursuivre toutes les améliorations de voirie, d'assainissement... » ; qu'il s'agissait bien, là, d'un intérêt collectif et permanent, et que la possibilité d'avantages matériels ne constituait pas l'idée de lucre exclue par la loi de 1901, sous le nom de « partage de bénéfices. »

« Enfin, disait-il, l'association ne se supplée pas aux individus, elle poursuit un but collectif. Nous sommes donc dans le cas de l'article 1er de la loi de 1901, et l'association, suivant l'article 6, peut ester en justice pour défendre les intérêts communs qu'elle a pour mission de protéger, comme pourrait le faire dans une circonstance analogue un Syndicat professionnel d'après la loi de 1884. »

Nous retenons volontiers ce passage, qui marque

nettement, chez son auteur, la pensée d'une analogie
parfaite entre la situation d'un Syndicat professionnel
et d'une association déclarée, au point de vue de l'action collective.

147. — Dans son arrêt du 15 février 1907 (1), le
Conseil d'Etat annule, à la requête de l'Association
amicale de l'administration centrale du Ministère du
Commerce et de l'Industrie, un arrêté de permutation.
Il ne se prononce pas sur la recevabilité de l'intervention, mais l'admet d'une façon implicite : « considérant
que la requête susvisée a été présentée tant au nom
de l'association qu'au nom des sieurs Prunet, Simon et
autres, que, dès lors, sans qu'il y ait lieu d'examiner si
l'association dont s'agit est recevable à déférer au Conseil d'Etat l'arrêt attaqué, il y a lieu de statuer au fond...»
L'action collective de l'association est encore admise implicitement dans l'arrêt du Conseil d'Etat du
8 mars 1907 (2). L'association légalement constituée
des employés de commerce d'Alais formait un recours
pour excès de pouvoir contre un arrêté du Préfet du
Gard, accordant aux confectionneurs la faculté de placer le repos de leur personnel le dimanche après-midi,
avec repos compensateur d'un jour par quinzaine et par
roulement; elle exposait dans sa requête que l'arrêté
mettait dans un état d'infériorité évident les employés

(1) D. P. 1908, 3, 100.
(2) D. P. 1908, 3, 73, deuxième espèce.

des grands magasins qui sont fermés le dimanche toute
la journée. L'arrêt rejette la demande. « Considérant
que par l'arrêté attaqué, M. le Préfet du Gard a accordé
aux sieurs.. l'autorisation de placer le repos de leur
personnel... que l'association. . n'établit pas que le
Préfet du Gard, en prenant cet arrêté, ait fait une ap-
préciation inexacte des circonstances de l'affaire. »

Dans l'arrêt du Conseil d'Etat du 11 décembre
1908 (1), l'Association professionnelle des employés
civils de l'administration centrale du Ministère des
colonies attaquait, pour excès de pouvoir, un arrêté
ministériel de nomination pris en violation des lois et
règlements qui régissent ces fonctionnaires. C'est toujours implicitement que l'action est reçue ; mais M.
Tardieu, commissaire du gouvernement, s'exprime catégoriquement sur ses conditions de recevabilité.

« L'association qui agit est régulièrement déclarée. Il
y a lieu d'appliquer ici les mêmes distinctions que pour
les actions des syndicats et de décider qu'une association ne pourrait sans mandat formel exercer les actions
individuelles de ses membres, par exemple : attaquer
une mesure disciplinaire visant l'un d'eux. Au contraire, l'association est absolument recevable à exercer
les actions ayant un intérêt professionnel collectif et à
attaquer l'acte lésant les intérêts que l'association a
pour but de défendre. » Dans l'espèce, la mesure attaquée portait un préjudice certain à tous les membres

(1) S 1809, 3-17

de l'association. La collectivité n'avait d'autre but que la défense des intérêts généraux de la carrière et son action tendait à rendre efficaces les garanties promises à l'ensemble du personnel par le décret du 23 mai 1896.

L'arrêt est ainsi conçu : « Que l'association professionnelle... est fondée à demander l'annulation, pour excès de pouvoir, de l'arrêté du Ministre des colonies. »

148. — Nous signalerons, en dernier lieu, un arrêt de la Cour de Caen du 29 mai 1908 (1). Il est rendu en matière répressive et reconnaît à l'association le droit d'intervenir au même titre qu'un syndicat professionnel pour la défense des intérêts généraux et collectifs dont la protection est confiée à l'association, et, dans l'espèce, elle déclare qu'il s'agit d'intérêts purement individuels.

La Ligue de défense sacerdotale établie entre les prêtres de Bayeux, constituée en association déclarée, poursuit pour diffamation l'auteur de l'article d'un journal de la région visant le curé d'une paroisse de l'arrondissement et réclame des dommages-intérêts.

« Attendu que l'association... a été régulièrement déclarée. Que la loi de 1901, pas plus que celle de 1884, n'a déterminé les actions qui appartiendraient aux associations légalement formées. Qu'une jurisprudence

(1) S. 1910, 2-75.

importante reconnaît aux associations, en tant que personnes morales, le droit d'agir en justice non seulement pour la défense du patrimoine social, mais aussi pour soutenir les intérêts généraux des membres de l'association conformes au but de l'association poursuivi en commun : mais qu'il est impossible d'aller jusqu'à les admettre à exercer de leur chef les actions purement personnelles appartenant individuellement à l'un ou à une partie des sociétaires. »

La Cour considère ensuite que l'action civile en réparation du préjudice causé par un délit de diffamation envers les particuliers par la voie de la presse est essentiellement personnelle, que l'article incriminé visant uniquement le curé d'une paroisse et s'étendant. faute de désignation suffisante, à tous les curés membres de l'association, ne pouvait cependant être attaqué par la collectivité qui comprenait d'autres personnes que des curés, notamment des chanoines et des vicaires. l'intérêt collectif du groupement n'étant pas en jeu.

149. — Si nous essayons de dégager une idée générale de ces quelques décisions concernant l'action collective des associations déclarées, nous dirons tout d'abord que la tendance dominante est favorable à l'intervention de ces collectivités. Quant au principe directeur, c'est, croyons-nous, l'assimilation des associations déclarées aux syndicats professionnels : elle ressort, à n'en pas douter, des conclusions de MM. Romieu et Tardieu, commissaires du gouvernement, ainsi que de l'arrêt de la Cour de Caen. C'est, d'ailleurs, la solution à laquelle nous avons été conduits théoriquement et il est à désirer que la jurisprudence se maintienne dans cette voie.

150. — Il faut remarquer, en terminant, que le législateur n'est pas resté inactif au point de vue des associations. Le projet de loi Clémenceau du 11 mars 1907 (1), article 3, reconnaît aux associations de fonctionnaires le droit de « poursuivre devant la juridiction compétente l'annulation des mesures prises contrairement aux dispositions législatives ou règlementaires, sans préjudice des recours individuels formés par les intéressés. »

151. — Le rapport de M. Jeanneney, sur ce projet, est extrêmement significatif (2). Après avoir constaté la capacité d'ester en justice des associations déclarées et des syndicats, à laquelle aucune limite n'est fixée ni par la loi de 1901 ni par celle de 1884, le rapporteur se demande s'il était bien utile que le projet renferme une disposition spéciale concernant l'action collective. « Les syndicats professionnels de fonctionnaires (3)

---

(1) *J. Off.*, mai 1907. Doc. parl., Chambre, p. 226.

(2) *J. Off.* avril 1908. Doc. parl., Chambre p 507.

(3) La Commission spéciale, saisie du projet de loi Clémenceau, a cru devoir, contrairement au texte gouvernemental, reconnaître aux fonc-

poursuivent sans difficulté l'annulation des mesures illégales : la défense des intérêts de leurs membres est leur mission corporative essentielle. La même solution devrait, croyons-nous, être étendue aux associations déclarées : leur spécialité fonctionnelle est encore d'assurer la sauvegarde des droits de leurs adhérents... » Ainsi, leur droit à agir ne devrait pas être contesté. L'avantage du projet est de lever éventuellement les difficultés.

tionnaires le droit de constituer à leur gré une association régie par la loi de 1901 ou un syndicat professionnel suivant la loi de 1884, sous la double réserve de l'interdiction du droit de grève d'une part, de l'autre, du droit de s'affilier avec d'autres organisations syndicales.

TITRE II

Les associations désintéressées formées pour la défense d'une branche de l'intérêt général.

152. — Contrairement aux groupements étudiés sous le titre précédent qui, exerçant l'action collective dans une sphère déterminée, avaient, en réalité, pour objet, la défense des intérêts privés communs de leurs membres, les associations désintéressées demandent à poursuivre devant les tribunaux la répression de certaines infractions par lesquelles elles n'ont été directement lésées ni dans leur personnalité morale elle-même, ni dans la personne de leurs membres, mais qui leur paraissent plus particulièrement dangereuses pour la moralité publique, ou qui sont de nature à atteindre des êtres dépourvus de tous moyens de défense comme les enfants ou les animaux.

Ces collectivités, composées de personnes pénétrées d'un esprit philanthropique très louable, mettant leurs loisirs, leur activité, leurs connaissances au service d'une cause évidemment légitime, sont appelées à constituer pour le Ministère Public des auxiliaires précieux et à exercer sur l'action répressive une influence considérable, en contribuant, pour une large part, à une œuvre d'assainisse ment social qui s'impose.

153. — Aussi, la question de la poursuite des délits par les associations a-t-elle été depuis longtemps déjà à l'ordre du jour en France. Des sociétés savantes l'ont discutée (1). Des jurisconsultes et des philosophes éminents se sont généralement prononcés en sa faveur.

154. — Elle a été vraisemblablement posée chez nous, par suite de l'exemple de nos voisins d'outre-Manche.

L'Angleterre, en effet, a vu naître et se développer la poursuite des crimes et délits par les associations. Londres possède toute une phalange de sociétés philantropiques (pour la poursuite des écrits et gravures obscènes, pour la protection des banquiers et des marchands

___

(1) *Bulletin de la Société Générale des Prisons*, 1896, p 649 et s. *Bulletin de la Société de législation comparée*, 1898 *Académie des Sciences morales et politiques*, compte-rendu, juin 1902.

contre la fraude et le faux) dont l'influence au point de vue de la répression est incontestable (1).

Il ne faut pas oublier cependant que les associations ont trouvé pour leur développement, en Grande-Bretagne, un terrain bien préparé. Le système anglais de procédure pénale est celui de l'accusation populaire : tout individu a le droit de poursuivre devant la justice l'auteur d'une infraction qui lui a, ou non, causé un préjudice, le public prosécutor étant simplement son auxiliaire dans quelques cas exceptionnels.

Il n'en est pas de même chez nous.

CHAPITRE I

AVANTAGES ET INCONVÉNIENTS DE LA POURSUITE DES DÉLITS PAR LES ASSOCIATIONS.

155.— Si l'attribution d'un droit de poursuite pénale à certaines collectivités a rallié beaucoup de partisans, il ne faut pas se dissimuler qu'elle ait eu de nombreux ennemis.

Quels sont les griefs qu'on invoque contre elle : quels sont les arguments qui militent en sa faveur ?

156. — Elle fait double emploi avec les fonctions du

(1) Paul Mourrisson, *Etude sur la répression des outrages aux bonnes mœurs*, p. 137.

Ministère public. Si les magistrats des parquets sont souvent surchargés dans leur tâche par le nombre toujours croissant des infractions portées à leur connaissance, pourquoi laisser constituer à côté d'eux et en dehors d'eux des organismes spéciaux ayant même rôle et mêmes pouvoirs ? Il suffit de remédier à l'insuffisance numérique de ces fonctionnaires ou de leurs auxiliaires partout où elle s'impose.

157. — L'action du Ministère public possède sur l'intervention des collectivités une supériorité incontestable. D'une part, les associations manqueront dans l'exercice de leur mission de cette prudence, de ce discernement qui caractérisent le Ministère public dont les investigations doivent, malgré les présomptions ou les nécessités de l'œuvre répressive, respecter les particuliers dans leurs intérèts matériels ou moraux ; d'autre part, leur action favorisera dans les poursuites pénales l'influence de la haine et de la malveillance. Les accusations calomnieuses encombreront inutilement les parquets, les juges d'instruction et les tribunaux.

158. — Accorder aux associations le droit de poursuite, c'est renverser tous les principes de notre droit pénal. Notre système de procédure pénale est, à vrai dire, bien loin de ressembler à l'action accusatoire anglaise ; les fonctionnaires investis par la loi du pouvoir d'exercer l'action publique ont seuls le droit de poursuivre, au nom de la société, devant les tribunaux compétents, les auteurs des infractions. Et si la partie lésée dispose, au point de vue de l'action répressive, de certaines facultés, c'est uniquement à la condition de justifier d'un préjudice et de conclure à des dommages-intérêts. Un individu quelconque ne pouvant alléguer aucun dommage à lui causé dans sa personne ou dans ses biens n'a que le droit de dénonciation. Dès lors, dit-on, comment concevoir que le droit de l'association puisse être autre chose que la synthèse des droits individuels de ses membres ?

159. — Que penser de tout cela ? En premier lieu : il est inexact de dire que l'action des collectivités fait double emploi avec le Ministère public. Les associations, en effet, disposeront de moyens d'investigation puissants, car elles ne s'attacheront qu'à la répression de telles ou telles infractions, et, portant sur elles toute leur énergie, elles devront forcément les découvrir, les démasquer, alors que, malgré tous leurs efforts, ni le Ministère public, ni ses auxiliaires n'auraient pu aboutir dans leurs recherches. Elles apporteront, suivant l'expression de M. Toubeau (1), à la justice, leur « contribution personnelle » à leur point de vue spécial. Les Parquets sont souvent surchargés. Le nombre des affaires classées sans suite, après recherches infructueuses des inculpés, est considérable. Des influences diverses, quelquefois défavorables à la répression,

(1) Op. cit.

agissent sur les chefs des parquets, souvent sur les officiers de police judiciaire, auxiliaires du Procureur de la République. La poursuite des délits par les associations est de nature à faire disparaître ces imperfections.

Ainsi, loin de s'exclure, les deux actions du Ministère public et des associations vont se compléter, pour le bien-être social assuré par une répression plus active. L'effet de l'accusation privée sera d'autant plus efficace qu'elle se trouvera aux mains d'un groupe de citoyens, stable, régulièrement constitué dans un but déterminé, doué de la personnalité civile qui, au lieu de reculer comme le font souvent les particuliers devant une dénonciation formelle, considèrera comme un devoir l'exercice de l'action collective.

160. — Quant au danger des poursuites téméraires, vexatoires ou calomnieuses, à la possibilité des inquisitions fâcheuses dans la vie des particuliers, dans leurs familles ou leurs relations, aux transactions qui pourraient intervenir au sujet de l'action répressive, facilitant à la fois le chantage et l'impunité, nous estimons que c'est là un péril imaginaire; le désintéressement et la parfaite honnèteté des associations dont il s'agit nous fournissent un gage suffisant de la réserve, de la prudence et de la haute moralité avec lesquelles ils pourraient exercer l'action à eux confiée.

Au surplus, à prendre les choses au pire et à suppo-

ser qu'il y ait dans la poursuite des délits par les associations une véritable source d'abus, n'existe-t-elle pas
avec le seul droit de dénonciation dont peuvent user
tous les citoyens, « la malveillance et la calomnie sub-
sistent dans l'anonymat. » D'ailleurs, rien n'empêche le
législateur d'édicter des mesures sévères contre les
poursuites téméraires dont pourraient être victimes les
particuliers.

161. — Est-il enfin exact de dire que la généralisa-
tion du droit de poursuite par les associations, dans
les limites de leurs statuts, soit une mesure attentatoire
aux principes fondamentaux de notre Code d'instruction
criminelle? Doit-on voir une mesure révolutionnaire
dans le pouvoir conféré à une association de mettre en
œuvre l'action publique, quoique ce droit n'appartienne
pas à ses membres? L'indépendance du Ministère public
est-elle atteinte dans ses fondements?

Non, répond M. Thaller (1). On ne peut pas concevoir l'existence juridique d'une association telle que la
« Ligue contre la licence des rues », si elle n'a pas le
pouvoir de poursuivre devant la justice les infractions
qu'elle s'est donné pour mission de combattre. Cette
faculté de traduire devant la justice certains délinquants, que l'on peut considérer comme une sorte d'em-
piètement sur les prérogatives du Ministère public, n'est
que l'expression du droit d'association lui-même. En

____

(1) *Bulletin de législation comparée*, 1903, p. 80.

1901, au moment de la confection de la loi sur le contrat d'association, on nous a répété que les services publics augmentant sans cesse sur la tête de l'Etat, ce dernier avait besoin du concours des associations, notamment pour la bienfaisance et la charité. Cette conception peut rationnellement s'étendre à la répression. On nous objecte que le particulier non lésé par l'infraction n'a que le droit de dénonciation et qu'une association ne peut avoir d'autres droits que ceux résultant de la synthèse des droits individuels de ses membres. C'est là une erreur. La personne morale a des droits qui n'appartiennent pas aux individus qui la composent. Il suffit de considérer l'Etat; son principal attribut est le pouvoir de commander : or, dans les Etats modernes, il est un principe admis que personne n'a le droit de commander à son voisin. C'est ainsi que . '. Henri Joly, à la séance de la « Société générale des prisons » du 22 avril 1896, (1) pouvait dire : « Il ne me paraît pas du tout prouvé qu'une collectivité organisée n'ait absolument comme droits que ceux des membres qui la composent. La famille, l'Etat, les grandes compagnies ont des droits qui leur sont propres et ne sont pas absolument l'addition des droits des particuliers, pris séparément. Au contraire, certaines relations, certains caractères et certains droits importants n'existent qu'en vertu et en conséquence de la constitution même du groupe. »

(1) *Bulletin de la Société générale des prisons*, 1896, p. 649 et s.

CHAPITRE II

Sur quel principe fonder cette poursuite dans notre droit

162. — Il faut reconnaître, qu'en l'état de notre droit, on ne pourrait accorder d'une façon générale aux associations le droit de poursuivre les délits. C'est à la seule condition de prouver une lésion causée par le fait incriminé qu'une collectivité peut saisir la justice de l'action répressive. Or, précisément, les associations qui font l'objet de ce titre seront toujours, par définition, dans l'impossibilité de justifier d'un préjudice quelconque ayant sa source dans l'infraction.

163. — Cependant, sans renverser notre système de procédure pénale, comme certains veulent bien le prétendre, il serait facile d'autoriser cette poursuite qui est, nous l'avons dit, désirable, et aurait des avantages sérieux. Il suffirait d'assimiler l'association à la victime de l'infraction (1).

De même que les lois du 29 juin 1907 et du 5 août 1908, d'après notre interprétation, confèrent aux syndicats professionnels qu'elles visent une sorte de privi-

(1) M. Le Poitevin, professeur à la Faculté de Droit de Paris. *Bulletin de législation comparée*, 1903.

lège en leur permettant d'exercer l'action en répression
de certaines fraudes sans avoir à rapporter la preuve
d'un préjudice, pourvu que l'infraction dans la répression de laquelle ils interviennent ait été commise
dans la profession qu'ils ont pour mission de protéger.

De même, il faudrait considérer les associations que
nous étudions comme virtuellement lésées et recevoir
a priori leur action par le seul fait que les infractions
poursuivies rentrent dans le cadre des délits qu'elles
ont pour but de combattre.

« En définitive, disait M. le sénateur Bérenger à la
séance de la Société des prisons du 22 avril 1896 (1),
ce que nous demandons n'est pas autre chose que
l'extension du droit de citation directe... L'individu
a le droit de poursuivre quand son intérêt personnel est lésé.... Or, quel est l'intérêt personnel
d'une collectivité sinon le but qu'elle poursuit ? Il est
donc logique de demander pour la collectivité fondée
dans le but de combattre un ordre d'abus déterminé
le droit de poursuivre les faits délictueux qui relèvent
de ces abus. »

Nous pensons, en effet, que l'unique condition
que le fait poursuivi rentre dans les limites de
l'objet statutaire du groupement, autrement dit que
l'intervention de l'association conformément au but
qu'elle s'est assigné ne constitue pas la justification

(1) *Revue pénitentiaire*, 1896, p. 687.

d'un intérêt suffisant pour la recevabilité de son action.

164. — Quelle est la solution de la jurisprudence ? Elle est généralement conforme à notre théorie. La Ligue contre la licence des rues voit ses efforts réduits à l'impuissance, ses membres n'étant pas personnellement lésés par les infractions qu'elle demande à poursuivre. L'action de la Société protectrice des animaux est restreinte au droit de dénonciation aux agents de l'autorité. Quant à la Société centrale des chasseurs. son influence contre le braconnage est souvent inefficace, car il lui est impossible. la plupart du temps. de justifier d'un préjudice direct causé à ses membres. Le tribunal correctionnel de la Seine, dans son jugement du 5 décembre 1894. a rejeté l'intervention de cette association en qualité de partie civile. dans une poursuite exercée contre plusieurs individus. pour mise en vente de gibier en temps prohibé. Il a déclaré « que l'action civile en matière correctionnelle n'appartient qu'aux personnes qui ont été personnellement lésées… qu'un intérêt collectif plus ou moins vague ne saurait en aucun cas équivaloir à l'intérêt direct formellement exigé. » Il ajoutait ensuite que la société demanderesse ne pouvait pas prouver que le gibier présenté aux consommateurs, dans certains restaurants. provenait des propriétés appartenant aux membres de l'association.

Il est cependant nécessaire de signaler la tendance

de certaines cours d'appels à appliquer, sans texte qui
les autorisent, le système de l'accusation professionnelle. Elles escomptent ainsi le vote de la proposition
Bérenger (V. n° 167) et admettent des associations déclarées à poursuivre les délits dans l'intérêt général de
la répression, sans justifier qu'un membre de ladite
association a été personnellement lésé. Nous pouvons
citer notamment l'arrêt de la Cour d'appel de Toulouse
du 12 octobre 1910 (1). Dans une hypothèse identique
à celle qui s'était présentée devant le tribunal de la
Seine, il reçoit l'action de la Société des chasseurs de

(1) Toulouse, 12 octobre 1910. *Gazette des Tribunaux* du 9 nov. 1910:
L'arrêt de la Cour de Toulouse ci-dessus rapporté a été rendu sur
appel interjeté contre un jugement du 24 juin 1910 rendu par le Tribunal correctionnel de Castres, et qui déboutait de sa demande la
Société des chasseurs de Castres, parce qu'elle ne justifiait pas d'un
préjudice personnel, direct et appréciable. (*Le Chasseur Français*,
février 1911, p. 76) Nous remarquons dans cette décision le passage
suivant :

« Qu'il est vrai qu'une partie de l'opinion en France pousse à
rompre avec la tradition qui est de monopoliser entre les mains du
Ministère public la vindicte pénale ; que des juristes en renom récla-
ment une législation en vertu de laquelle des associations reconnues
pourront se porter partie civile devant la juridiction répressive, afin
d'assurer la protection plus efficace des intérêts qu'ils ont pour mission de défendre en veillant à l'observation plus exacte de leurs lois
spéciales ; que la campagne entreprise pour obtenir la réalisation de
cette réforme est la meilleure preuve que les dispositions des articles
1 et 63 du C. I. C. restent toujours en vigueur ; que les tribunaux ont
pour devoir de s'y conformer jusqu'au jour où le pouvoir législatif
y aura apporté les modifications souhaitées... »

Castres, et donne comme base à son intervention l'atteinte portée par le braconnage aux intérèts que l'association demanderesse avait pour mission de défendre : il déclare « que cette société s'est constituée... pour la défense des intérèts cynégitiques par l'adoption de mesures propres à conserver le gibier. Que le braconnage qui détruit le gibier porte directement atteinte à l'intérèt général que cette société a pour but de défendre... » (1)

Nous estimons que c'est là une solution prématurée. Nous sommes. en effet, en présence d'associations d'intérêt général, qui ne peuvent ètre appelées à intervenir dans la répression, à exercer l'accusation professionnelle, qu'en vertu de textes formels, et non d'associations agissant dans l'intérèt privé du groupe, c'est-à-dire exerçant l'action civile collective telle que nous l'avons déjà exposée, conformément à la théorie de M. Laborde (v. n° 122) (2). Ainsi, tant que la proposition Bérenger

(1) Dans ce sens, l'arrêt dernièrement rendu par la Cour de Paris contre un membre de la hiérarchie ecclesiastique et recevant en matière répressive l'action de l'Amicale des instituteurs. A noter qu'à la date du 9 février 1911, le tribunal de Rodez rejette, dans un cas analogue, l'action de l'Amicale des instituteurs de l'Aveyron contre l'évêque de Rodez, à la suite d'une lettre épiscopale atteignant les écoles publiques (*Petit Méridional*, 10 février 1911).

(2) Telle est l'opinion soutenue par M Moye, professeur à la Faculté de Droit de Montpellier. Examen doctrinal, application de la loi du 15 février 1902 sur la protection de la santé publique et rôle de l'initiative individuelle *Revue critique de législation et de jurisprudence*, 1911, p. 13.

ne sera pas votée, l'accusation professionnelle, sans intérêt personnel lésé, ne peut être admise qu'à titre exceptionnel dans les cas seulement où la loi l'a expressément autorisée ; par exemple. les lois de 1907 et 1908 pour les syndicats de vignerons et autres.

CHAPITRE III

Nécessité de l'intervention législative

165. — Nous sommes donc amenés à exprimer la nécessité d'un texte législatif établissant formellement l'action des collectivités pour la poursuite des délits. Le terrain sur lequel on pourra l'édifier, tout en se conformant aux règles fondamentales de notre code d'instruction criminelle, c'est l'assimilation de l'association à la victime de l'infraction.

166. — Afin d'assurer le bon fonctionnement de cette action par les collectivités, M. Le Poittevin (1) propose tout un système de garanties. Après avoir conseillé au législateur de ne pas conférer aux associations le droit de poursuite en bloc, mais de procéder par étapes, de commencer par les cas les plus intéressants (crimes et délits intéressant les enfants, notamment les mauvais traitements et l'abandon). et de n'accorder la

(1) Op cit.

confiance de la loi qu'à des associations en étant vraiment dignes, il propose la responsabilité pécuniaire de l'association au cas de poursuites calomnieuses, avec complicité possible pour ses représentants. Ainsi que l'avait fait le projet de 1898, concernant les violences et attentats contre les enfants, il demande un avis de l'autorité judiciaire écartant formellement l'ingérance administrative et préfère à l'opinion isolée du seul tribunal une délibération de la Cour d'Appel rendue sur son avis. Accordée par ces moyens, l'autorisation de poursuivre serait retirée de même aux associations.

167. – C'est en s'inspirant de ces idées que MM. les sénateurs Béranger, Ribot et autres ont déposé le 27 mai 1909 un projet de loi tendant à attribuer le droit de poursuite directe devant les tribunaux répressifs aux associations d'intérêt général. Son dispositif est ainsi conçu :

« Art. 1er. — Les associations légalement constituées dans un but d'intérêt général ou public, et spécialement autorisées à cet effet par la Cour d'Appel du ressort de leur siège social, statuant en chambre du conseil, le Ministère public entendu, auront le droit de poursuivre devant les tribunaux de répression, soit par voie de citation directe, soit en se portant partie civile, dans les termes des articles 63 et suivants du Code d'instruction criminelle, les crimes, délits ou contraventions se rattachant à l'objet de leur institution.

» Art. 2. — L'autorisation conférée par la Cour

d'Appel peut être révoquée par elle pour fautes graves, d'office, ou sur la réquisition du Ministère public. »

168. — Si nous mettons de côté la discussion du principe lui-même de l'intervention des associations d'intérêt général dans la poursuite des délits, en faveur de laquelle nous nous sommes d'ailleurs prononcés plus haut, ce projet nous paraît pleinement satisfaisant. L'avis du parquet et du tribunal de première instance n'est pas exigé ; nous ne le croyons pas indispensable, l'autorisation de la Cour d'Appel nous paraissant largement suffisante. Quant à restreindre l'intervention de la collectivité dans l'espace, c'est-à-dire à la poursuite des faits commis dans un certain rayon, quoique cette limitation ait lieu pour ainsi dire automatiquement, les membres de l'association étant en général groupés dans la localité du siège social où ses environs immédiats, et son influence effective ne s'étendant guère au delà, il ne nous paraîtrait pas cependant inutile d'attirer sur ce point l'attention du législateur. Il faut de toute nécessité éviter ici la multiplicité possible dans une même poursuite des associations ayant le même objet. Or, il est peu probable que plusieurs groupements soient formés avec des fins identiques dans des rayons relativement restreints. Au reste, le danger est plus apparent que réel, étant donné que les associations d'intérêt général sont la plupart du temps affiliées à un groupement central, qui a pour ainsi dire dans les différentes régions des annexes et, lorsqu'il s'agira de poursuivre, c'est lui qui interviendra.

169.— Quoi qu'il en soit du sort réservé à la proposition ci-dessus, la question de la poursuite de certaines infractions par les associations, offre un tel intérèt pour la moralité publique, leur action serait d'une telle efficacité pour la répression, qu'il faut vivement souhaiter l'intervention du législateur, afin de modifier la situation actuelle par un texte. « L'Etat n'a pas le droit de priver la société du concours des forces vives dont l'action pourrait permettre à la justice d'exercer une répression salutaire.., Or, ces forces vives, elles se trouvent dans cette masse de citoyens qui se dévouent ou pourraient se dévouer à l'intérèt général du maintien de l'ordre public, et qui, impuissants dans leur isolement, ne pourraient exercer une action utile que s'ils étaient réunis dans une association capable d'agir dans l'intérèt collectif de la répression. » (Paul Nourrisson. *Etude sur la répression des outrages aux bonnes mœurs*, 1905).

CONCLUSION GÉNÉRALE

170. — La distance qui nous sépare de la loi Chapelier est fort longue. Tandis que l'Assemblée Constituante interdisait aux citoyens d'une même profession de s'assembler pour leurs prétendus intérêts communs, aujourd'hui, le droit d'association est reconnu non seulement aux individus exerçant la même profession, mais à toutes personnes. Au point de vue des conditions et des limites de son exercice et notamment en ce qui concerne l'action collective, les textes sont peu explicites, mais ils ont été souvent l'objet de la part des tribunaux d'interprétations libérales et extensives, consacrées par le législateur toutes les fois qu'il en a eu l'occasion.

171. — On est ainsi arrivé, pratiquement, d'après les tendances de la jurisprudence la plus récente, à ce résultat, que syndicats et associations ont, d'une façon générale, la faculté d'intervenir pour la défense des

intérêts collectifs de leurs membres ou même individuels, mais en rapport avec l'intérêt général du groupe.

172. — Cependant, si nous mettons les choses au
point, nous constatons que, malgré le grand nombre de
décisions libérales, la situation de l'action collective est
encore précaire, car rien ne garantit les collectivités
contre les revirements toujours possibles, tant qu'un
texte explicite et net ne fixe pas une condition juridique
déterminée. Il est donc désirable que la question soit
tranchée expressément par une disposition législative
précise.

173. — Sans doute les graves évènements que nous
avons traversés il y a quelques mois à peine ont fait
naître une certaine défiance contre l'activité syndicale.
Il est de toute nécessité d'éviter le retour des crises
dangereuses pour l'ordre social. Pour cela, il n'est nullement besoin de mutiler la loi de 1884, il faut perfec-
tionner la législation du travail et du droit d'association.

Nous avons vu que certains projets avaient été dépo-
sés concernant, soit le contrat collectif de travail, soit
les associations de fonctionnaires. Sans critiquer ces
propositions, qui ont incontestablement leur valeur,
nous pensons que la solution de la question réside,
avant tout, dans la fusion, l'unification des lois de 1884
et de 1901, le texte nouveau englobant dans un même
cadre toutes les formes du droit d'association.

Cette législature ne se terminera certainement pas sans une révision de la loi de 1884; il est à désirer qu'elle consacre le mouvement jurisprudentiel, que nous nous sommes efforcés de dégager au cours de notre étude.

Quoiqu'il en soit, nous ne devons pas reculer dans l'œuvre si délibérément entreprise, selon l'expression de M. Waldeck-Rousseau, nous avons choisi la liberté, faisons lui confiance.

Vu : *Le Président de la Thèse,*
LABORDE

Vu : *Le Doyen de la Faculté,*
Montpellier, le 23 Janvier 1911,
VIGIÉ.

Vu et permis d'imprimer :
Montpellier, le 23 Janvier 1911,
Le Recteur,
AND. BENOIST.

TABLE ANALYTIQUE DES MATIÈRES

TITRE III

L'action syndicale pour la réparation des délits civils et quasi-délits.

TITRE IV

Recours contre les actes administratifs

TITRE V

La répression

SECTION I

Répression des faits de concurrence illicite.

CHAPITRE I

Syndicats de Pharmaciens.

CHAPITRE II

Syndicats de Médecins

APPENDICE

CHAPITRE III

La Jurisprudence et les lois du 29 juin 1907 et du 5 août 1908

APPENDICE

*Répression des infractions aux lois sur la protection
légale du travail*

DEUXIÈME PARTIE

Les associations déclarées. - Généralités

TITRE I

Associations formées pour la défense d'intérêts privés communs.

CHAPITRE I

Pourquoi établir une différence entre les Syndicats professionnels et les associations déclarées au point de vue de l'action collective.

CHAPITRE II

Doit-on étendre aux associations déclarées les dispositions législatives favorisant l'action collective des syndicats.

CHAPITRE III

Domaine de l'action collective des associations déclarées.

CHAPITRE IV

La jurisprudence sur l'action collective des associations déclarées

TITRE II

Les associations désintéressées formées pour la défense
d'une branche de l'intérêt général. — Généralités.

CHAPITRE I

Avantages et inconvénients de la poursuite des
délits par les associations.

CHAPITRE II

Sur quel principe fonder cette poursuite dans notre droit ?

CHAPITRE III

Nécessité de l'intervention législative

CONCLUSION GÉNÉRALE

.

Imprimé par

" LA LABORIEUSE "

ASSOCIATION OUVRIÈRE

7, Rue J.-B.-A. Godin, 7

NIMES